내가 널 살아 볼게

그림 그리는 여자, 노래하는 남자의 생활공감 동거 이야기

이만수 x 감명진 지음

내가 널 살아 볼게

그림 그리는 여자, 노래하는 남자의 생활공감 동거 이야기

고유명사

프롤로그

우리는 사적인 이야기를 드러내기가 민망하고 어색한, 소심한 성격입니다. 서로를 이해하고, 지나가는 순간들을 붙잡아 두고 싶어 하루하루를 기록하기 시작했습니다.

처음 만난 날을 기억합니다.

처음 데이트 한 날도 기억합니다.

그림을 그리는 진이에게 몇 번 짜 쓰고 남은 고가의 물감을 전해준다는 핑계로 약속을 잡았습니다. 쓰던 물감을 그냥 주기 뭐해서 포장한답시고 자취방에다 쓰고 남아 있던 미색 도배지로 어설프게 포장했습니다. 코팅이 된 빳빳한 도배지를 잘 붙지도 않는 테이프로 고정합니다. 탁, 하며 언제 풀려도 이상하지 않을 만큼 비루한 내 선물이 어이없었을 텐데도 귀엽다는 듯이 바라보며 미소 짓던 진이를 기억합니다.

2012년 봄. 우리는 그렇게 만났습니다.

그리고 지금 이렇게 함께 지내고 있습니다.

(만수)

경주에서 서울로 올라와 카페에서 일하며,
2인조 밴드 '청노루'로 활동하고 있습니다.
사물과 현상을 차분하게 바라보려고 노력합니다.
생활의 변화를 싫어합니다. 외동으로 자랐습니다.
없이 살아도 마음만은 풍요로운 할머니 손에서 자랐습니다.
이기적이면서도 이타적입니다.

2012 서울, 그녀를 만났습니다

(명진)

그림을 그리며 살아가고 있습니다.
고양이의 집사 간택을 꿈꾸며 산책길에 오르고 있습니다.
MBTI유형은 INFP와 ISFP를 왔다 갔다 합니다.
기억이 있는 순간부터 불안과 예민을 끌어안고 살아가지만
그것들과 다정하게 지내려고 노력하고 있습니다.

2012 서울, 그를 만났습니다

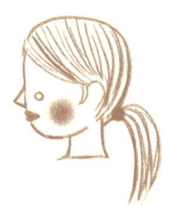

차례

004 프롤로그
216 에필로그

1

012 굿모닝
014 산책
018 눈썹과 팬티
022 딴청
024 머리 말리기
028 나만 아는 너의 비밀
032 총화
036 기승전 설거지
040 순간의 관객
044 인생 숏
046 원두
048 키 생각
052 착각
054 요거트와 비닐봉지
056 관계
058 서울
062 배려
064 꼬꼬닭
068 반려자
072 가족

2

- 078 목욕탕
- 082 프리마켓
- 086 미역국
- 088 흰머리와 새치
- 090 모래성
- 094 대봉
- 098 겨울 준비
- 100 우리 여기서 내일도 만나요, 야옹
- 104 장갑
- 106 식사습관
- 110 콜 미
- 112 향초
- 116 크리스마스이브
- 120 STRANGER THINGS
- 124 곰탕
- 128 봄동비빔밥
- 130 겨울 끝자락
- 132 미신을 대하는 우리의 자세
- 136 어반 포레스트
- 140 사과나무가 있는 집

3

- 144 꽃을 사다
- 146 동생
- 150 안 하던 짓을 해서
- 154 굴미역국
- 156 운명을 믿는가?
- 160 포근한 착각
- 164 유통기한
- 168 간섭
- 172 치매, 이런 몹쓸 놈
- 176 답정너
- 178 기타 연습
- 182 오늘, 하루
- 186 자전거, 삶의 질이 달라집니다
- 190 등산
- 196 결혼에 대하여
- 200 베개
- 204 칫솔
- 206 벌레
- 210 마무리
- 214 자연스럽게 쌓여 가는 것

굿모닝

아침에 일어나 멍하니 원두를 갈고 있으면 진이도 졸린 눈을 비비며 내 옆으로 와서 앉는다. 아무 말도 없이 내 등에 제 등을 맞대고 앉은 채 자신도 가만히 멍때리고 있다. 진이는 내가 원두 가는 냄새를 맡으며 잠에서 깨어나는 기분이 좋다고 한다. 진이와 등을 맞대고 커피를 갈다 보면 하루의 시작이 커피향처럼 조용하고 차분하게 우리 주위로 퍼져나가는 느낌이다.

산책

운동 삼아 시작한 산책이 이제는 두 시간 정도는 해야 개운하다. 머릿속에 공연한 생각들을 가득 담은 채 산책하다 보면 어느새 인적이 드문 곳에 접어들어 몸도 마음도 호젓한 시간이 다가온다. 우스운 이야기지만 그때가 되면 슬슬 혼잣말하면서 돌아다닌다. 답답한 현실과 즐거운 상상의 경계를 오르락내리락하다 보면 단단하고 모난 마음이 부드럽게 풀어지는 걸 느낀다. 가끔 운이 좋을 때는 상상 속에서 직면한 문제를 해결할 창의적인 아이디어를 발견하기도 한다.

진이와 함께 살기 시작한 뒤로 산책은 우리가 즐겨 하는 데이트가 되었다. 소문난 커피집들을 찾아가고, 하릴없이 동네를 돌아다니며 길고양이 밥을 챙겨주는 재미가 쏠쏠하다. 같이 살게 되면서 함께 있는 시간은 늘었지만 같은 공간에서 각자 일하는 게 익숙해지면서 오히려 입을 꾹 다물고 말없이 지낼 때가 많았다. 산책은 그랬던 우리에게 '햇볕 따라가기' 같은 것이다.

오빠와 함께한 시간이 깊어지면서 오빠 취향이 점점 내 것이 되는 현상이 나타나고 있다. 산책이 그중 하나다. 이따금 오빠의 산책길에 따라나서곤 했는데, 이제는 내가 먼저 산책을 다녀오자며 현관에서 오빠가 준비하길 기다리곤 한다.

사람은 변하기 어렵다고들 하는데 어쩌면 내가 변한 게 아니라 나조차도 모르던 나의 취향을 오빠 덕분에 찾은 게 아닐까. 정답은 잘 모르겠지만 하루 한 번 우리는 서로를 산책시켜 준다.

눈썹과 팬티

눈썹 타투 중에 눈썹 화장을 한 것 같은 효과가 나는 제품이 있다고 한다. 진이를 만나고 외모에 관심이 생기면서 나는 내 눈썹이 왜 이렇게 옅은지 불만스러웠다. 그때 진이가 그 제품을 선물해 주었다. 민망해서 욕실에서 몰래 타투를 칠하고 있는데 진이가 조용히 다가와 '오빠, 눈썹을 그리려면 정리도 같이해야 효과적이야'라면서 직접 눈썹 손질을 해줬다. 수염이 거의 안 나는 체질이라 면도 자체도 가뜩이나 어색한데 다른 사람 손에 맡기는 눈썹 면도라니. 진이가 더 다듬어주겠다고 할 때 그냥 맡겨놓을 걸 그랬나 싶기도 하다.

보송보송하게 잘 마른 옷가지들을 걷어 개키다 보니 오빠 팬티에 난 손톱만 한 구멍이 눈에 들어온다. '이거 분명 내가 버리라고 했던 것 같은데 여태껏 입고 있네.' 내가 버리지 않으면 구멍이 손바닥만 해질 때까지 입겠다 싶어서 망설임 없이 쓰레기통에 구겨 넣었다.
컴퓨터를 켜고 검색창에 남자 팬티를 검색해본다. 삼각도 있고 사각도 있고…, 남자들한테는 뭐가 더 편한 거지? 딱 붙는 게 나으려나 좀 헐렁한 게 좋으려나…. 골똘히 고민한 끝에 고른 팬티들을 결제했는데, 내가 오빠의 엄마가 된 것처럼 묘한 이 기분은 뭐지? 태어나서 처음으로 남자 팬티를 주문해 봤다.

딴청

허벅지 아래쪽에 알 수 없는 피부병이 생겼다. 참을 수 없어서 긁다 보면 간지러운 부분이 점점 더 번지는 고약한 놈이다. 피부과에 들러 바르는 연고와 약을 처방받아 왔다.
그런데 며칠 뒤에 보니 진이가 내가 받아온 연고를 자신의 간지러운 부위에 바르고 있다. 증상이 비슷하니까 발라도 된다면서 내 연고를 겁도 없이 바른다. 얼마 전에도 감기몸살로 처방받아 온 내 약을 자기도 몸이 으스스하다며 뺏어 먹었는데 이번에도 그랬다. 나는 그게 대체 뭔 줄 알고 바르느냐고, 병원에 가서 제대로 진료를 받고 약을 처방받아야 한다고 무안을 줘도 진이는 천진난만하게 웃으며 "괜찮아, 괜찮아."라고만 한다.

우리 집에 사는 뚜껑 요정이 뚜껑을 닫을 줄 모르는 마법에 걸려 내가 졸졸 따라다니며 뚜껑을 닫고 있다. 마법을 푸는 방법은 대체 어디서 찾아야 할까? 그리고 한 가지 더, 양치 컵에 물은 왜 계속 담아두는 거야? 뚜껑 요정! 자꾸 이럴래?

머리 말리기

씻고 나온 진이의 머리를 매번 말려준다. 같이 살기 시작한 후로 변함없이 해주고 싶은 일의 하나다. 가끔 귀찮다는 생각이 들 때도 있지만 이 정도 일도 꾸준히 못 해주면 앞으로 뭘 해줄 수 있을까 하는 마음에 지금까지 지키고 있는 나와의 약속이다.

처음 진이의 머리를 말려줬을 때 서툴렀던 내 손길을 기억한다. 머리카락이 엉망으로 뒤엉킬까 봐 한 가닥 한 가닥 조심스럽게 말리다 보니 시간이 여간 오래 걸리는 게 아니었다. 괜히 시작해서 서로에게 고역이 된 건 아닌지 자책이 들기도 했는데, 이제는 꽤 오랫동안 해와서 웬만한 미용사 못지않게 머리칼을 탈탈 털어가며 거침없이 말릴 수 있다.

처음 만났을 때만 해도 진이의 스타일은 귀엽고 이쁘고 개성까지 있는 '똑단발'이었는데 지금은 길이가 허리춤까지 내려오는 장발이다, 장발.

[오빠의 머리 말리기 철칙]
1. 드라이기 전자파는 해로우니 시작은 선풍기로 말린다.
2. 드라이기를 쓸 때도 급할 때 빼고는 미지근한 바람과 찬바람으로 번갈아 가며 말리다가 어느 정도 말랐다 싶으면 선풍기로 마무리한다.
3. 오빠가 있을 땐 꼭 오빠가 머리를 말려준다.

웬만큼 많은 정도가 아닌 내 머리숱에 저토록 번거로운 수칙을 지키기가 가당키나 한 일인지…. 다른 건 모르겠고, 오빠의 머리 말리기 철칙 3번만은 영원하기를!

씻고 나온 진이의 머리를 매번 말려준다.
같이 살기 시작한 후로 변함없이 해주고 싶은 일의 하나다.

나만 아는 너의 비밀

진이에게는 나만 아는 비밀 몇 가지가 있다. 내 귀를 만지는 습관도 그중 하나다. 처음 만나 차차 스킨십이 자연스러워졌을 때쯤 무언가에 집중할 때마다 아무 생각 없이 내 귀를 조물조물 만져서 '얘가 왜 이러지?' 하고 당황했었다. 알고 보니 진이가 어릴 적부터 가지고 있던 습관이었다.

남자친구로서 처음 진이의 집에 인사드리러 갔을 때였다. 허리를 바짝 세운 긴장된 자세로 아버님 어머님 말씀을 듣고 있는 자리였는데, 진이가 내 편을 들어준답시고 나 대신 부모님의 물음에 해맑게 대답하며 습관처럼 내 귀를 만졌다. 그러자 어머니는 '아이고 어릴 때 내 귀를 그렇게 만져싸터니 이제야 내가 해방된 거 같네' 하시면서 후련해하셨다.

오빠와 나는 자주 마룻바닥에 마주 앉아 이야기를 나누곤 한다. 이런저런 이야기를 하다 보면 오빠는 어김없이 인어왕자의 모습을 드러낸다. 소리 소문도 없이 나타나 다리를 가지런히 모으고 비스듬히 모로 앉아 이야기하고 있는 인어왕자는 우아하고 단아하다! 내 이야기를 들어주거나, 자기 이야기를 들려주는 사이사이에 몸의 균형을 맞추기 위해서인지 때때로 다리의 방향을 바꿔주기도 한다.
우리 집에서만 나타나는 인어왕자는 나만 볼 수 있는 것이라 꼭꼭 숨겨두고 있는데, 이 비밀이 알려지는 순간 물거품이 되어 다시는 나타나지 않을까 봐 조금 걱정이 된다.

인어왕자,
괜찮으니까 부끄러워 말고
자주 나타나 줘.

총화

파에도 꽃이 핀다는 걸 모르는 사람들이 꽤 많다. 어린 시절 우리 가족의 주 수입원은 농사지어 놓은 파를 밭째로 사들여 도매상들에게 되파는 일이었다. 나는 여름방학만 되면 부족한 일손을 보태느라 밭으로 끌려나가곤 했다. 꼿꼿이 서 있는 파 끝에 난 꽃을 따는 게 나에게 주어진 임무였다. 드넓은 파밭에서 꽃을 따며 총총 나아가면 팔팔한 손주 뒤에서 할머니, 할아버지는 뿌리째 뽑은 파를 한 단 한 단 보기 좋게 묶으며 따라오셨다.

파란 트럭을 타고 탁 트인 촌길을 달려 눈처럼 하얀 파밭으로 들어설 때만큼은, 방학 동안 놀지도 못하고 끌려 나와 뿔이 난 어린 마음도 사르르 녹아내렸다.

파에도 꽃이 난다는 것, 그 파꽃을 총화라고 부른다는 것. 그런 게 나한테 얼마나 대단할까마는 어릴 적 추억을 이야기할 때의 오빠 얼굴이나 목소리가 좋다. 그래서 이것저것 묻기도 하면서 재미있게 들은 척을 해주며 이야기가 끝나지 않게 하려고 애를 쓴다. 예를 들면, '정말? 파에서도 꽃이 난다고? 우와! 이름이 총화야? 대박! 너무 이쁜데?' 이런 식으로 맞장구 쳐주는 거다.

나만 알고 있는 오빠의 모습을 볼 때마다 오빠한테는 내가 세상 편한 사람인 것 같아서 고맙고 행복하다.

파란 트럭을 타고 탁 트인 촌길을 달려
눈처럼 하얀 파밭으로 들어설 때만큼은,
방학 동안 놀지도 못하고 끌려 나와
뽈이 난 어린 마음도 사르르 녹아내렸다.

기승전 설거지

같이 살기 시작한 지 얼마 되지 않았을 무렵 진이 친구의 결혼식에 같이 간 적이 있다. 진이 말고는 아는 사람이 아무도 없었다. 결혼식 분위기까지 휘황찬란해서 괜히 더 기가 죽었다. 그때 나는 낯선 분위기 속에서도 기죽지 않는 멋진 남자친구가 되고 싶다는 생각을 처음으로 했었다.

벌써 같이 산 지 몇 년이나 됐는데도 낯선 장소나 분위기에서는 여전히 기가 죽는다. 적어도 처음 만났을 때의 그 모습 그대로 변치 않는 사람이 되어야겠다고 다짐해 본다. 설거지만큼은 언제까지나 내가.

오빠를 만나고 자존감이 많이 높아졌다. 시시때때로 불평을 늘어놓기에만 바빴던 내가 감사할 줄 알게 되었고, 다정하게 붙잡아 준 오빠 덕분에 불안해하던 내가 안정을 얻었다. 부모님에게 받는 사랑과는 또 다른 모양의 사랑이다.

어느 날 새벽에 악몽을 꾸다가 눈을 떴는데 거실에서 설거지하고 있는 오빠가 보였다. 말없이 조용히 설거지하는 뒷모습을 보고 있자니 어느새 나도 모르게 마음이 편안해졌다. 오빠를 만나고 나서야 비로소 나를 마주하기 시작했다.

적어도 처음 만났을 때의 그 모습 그대로
변치 않는 사람이 되어야겠다고 다짐해 본다.
설거지만큼은 언제까지나 내가.

순간의 관객

숫기 없는 성격 때문에 지금까지 나는 선글라스를 껴본 적이 없다. 요즘같이 햇빛이 쨍한 날에는 둘이서 같이 선글라스 끼고 나가고 싶다며 진이가 보챈다. 선글라스 낀 게 부끄러운 나는 괜히 멋 부린 거 같다고, 아는 사람이라도 만나면 어쩌냐며 변명을 해보지만, 오빠가 선글라스 낀 거 아무도 신경 안 쓴다며 무안을 준다. 멋쩍어하는 나에게 진이는 남들은 다 '순간의 관객'일 뿐이라고 말한다. 무심코 뱉은 말일 텐데 참 멋지다고 생각했다.

"오빠! 우리는 타인의 삶에서 순간의 관객일 뿐이야! 아무도 우리한테 신경 안 쓴다고."
선글라스를 두고 쓸까 말까 망설이는 오빠에게 그냥 별생각 없이 던져본 말인데 우리 오빠, 또 나한테 반한 것 같다. 종종 이쁘고 멋진 말들을 적어두고 기억해두는 습관이 이럴 때 또 빛을 발한다. 뿌듯하군.

인생 숏

사람들이 붐비는 곳에서 사진 찍는 게 어색하다. 그래도 지나가는 시간을 기록해 두려고 사진을 찍기 시작했다. 데이트를 마칠 때쯤 그날 찍은 사진들을 함께 본다. 같이 살기 시작하고부터 하게 된 일인데 하루를 마감하면서 숙제검사라도 받는 것처럼 내겐 긴장되는 시간이다. 가끔 그날 찍은 사진 중에 진이가 마음에 들어 하는 사진이 한 장이라도 있으면 이래서 사진을 찍는구나 싶어 뿌듯하다.
먼 훗날 기억이 희미해지더라도 이 사진들이 우리를 그 순간으로 데려다주길. 그게 무엇이라도, 뭐가 되더라도.

오빠가 사진 찍기의 즐거움을 조금씩 알 것 같다고 하더니 도서관에서 카메라 관련 책을 빌려오기 시작했다. 앞으로도 많이 찍어줄 테니 오빠만 믿으라 한다. 나도 곧 '인생 숏'이라는 걸 가질 수 있는 것인가.

원두

처음 서울에 올라왔을 때는 한 잔에 오천 원이나 하는 커피를 쉽게 사 마시는 게 이해되지 않았다. 같은 돈이면 밥을 사 먹지 무슨 커피냐며 사람들을 흉본 적도 있다.

지금은 진이와 산책할 때마다 꼭 커피를 마신다. 게다가 하릴없이 집에서 쉬는 날에도 혼자 커피를 마시러 나간다. 사람은 조금씩 바뀐다. 남을 흉보거나 비판할 때는 좀 더 신중해져야겠다.

오빠가 처음 서울 왔을 때는 특별한 일 없이 혼자 커피를 사 마시는 게 그렇게 부끄러웠다고 한다. 요즘은 일주일에 한두 번 같이 커피 원두를 사러 여기저기 찾아다닌다. 같이 산다는 건 우리 입맛에 맞는 커피 원두를 구별하게 되는 일인가.

키 생각

어릴 적부터 키가 작았던 나는 줄 설 일이 있을 때마다 맨 앞줄에서 벗어나 본 적이 없다. 공연 구경을 가더라도 남들보다 부지런 떨지 않으면 까치발로 관객들의 뒤통수만 보고 돌아오는 일이 허다했다. 군 생활을 할 때 느지막이 입대한 198센티미터의 친한 후임이 있었다. 그 친구는 키가 너무 커도 불편하다며 할 수만 있다면 나에게 15센티 정도 떼주고 싶다면서 선임인 나를 놀렸다.

그리 크지 않은 키로 진이를 안아줄 때마다 군 시절 내게 키를 떼주고 싶다던 후임 생각이 난다. 그렇게만 해준다면 지금이라도 너를 등에 업고 군 생활을 다시 할 수도 있을 것 같다. 키 생각을 하다가 이런 우스운 상상을 다 해본다.

키가 큰 사람 앞에 서면 공연히 주눅이 든다. 나이 상관없이 언니나 오빠라고 불러야 할 것 같은 기분.

내 조카는 어느새 초등학교 3학년이 되었다. 만날 때마다 여전히 아가 같은 얼굴로 냉큼 달려와 안기는 나의 첫 조카. 이제는 내가 달려가 안겨야만 할 것처럼 키가 훌쩍 커버렸다. 조금만 천천히 커 주지 싶어 아쉽기도 하고, 나는 이제 작아질 일만 남았네 하는 생각에 금세 우울해진다.

하아. 그런 점에서 보면 오빠는 내게 꼭 맞춰 태어난 듯하다. 오빠 품에 안기면 언제나 심장 소리를 들을 수 있어서 좋다.

착각

진이는 지금 한창 다이어트 중이다. TV와 SNS에 넘쳐나는 광고들을 보고 자극을 받았나 보다. 거울에 비친 제 모습을 요리조리 뜯어보며 "오빠, 나 살 좀 빼면 좋겠지?"라고 물어본다. 난 눈웃음으로 대신했다. 말하는 것보다 침묵하는 게 낫다고들 하니까.
다음 날, 내가 웃을 때 눈웃음을 친다며 좋아했던 진이가 내 눈가 주름을 지우는 데 좋다며 아이크림을 선물해줬다.

오랜만에 만난 지인이 오빠를 너무 고생시키는 거 아니냐며 왜 이렇게 늙었냐는 말을 했다. 아무렇지도 않은 듯 웃어넘겼지만 온종일 그 말이 마음에 달라붙어 떨어질 생각을 하지 않는다. 나 만나고 회춘한 것 같다는 생각은 온전히 나만의 착각이었나 보다.
집으로 돌아오는 길에 큰맘 먹고 오빠를 위해 아이크림 하나를 샀다.

요거트와 비닐봉지

"엄마는 왜 이 쓸데없는 것들을 모으는 걸까?"
진이가 자기 어머니가 팩을 할 때 쓴다면서 모아둔 빈 요구르트 통과 철사로 된 금색 빵 끈을 보면서 중얼거린다. 모아둬 봤자 찬장에 자리만 차지하고 요긴하게 쓴 적도 없으면서 모아둔다며 짜증을 낸다. 절약한다고 해봐야 먹고 싶고 사고 싶은 걸 참는 것 말고는 생각조차 할 수 없는 우리로선 이해가 잘 안 간다.

오랜만에 주방 정리를 하다 보니 잘 열지 않는 서랍 안에서 꽁꽁 묶인 위생봉투들이 쏟아져 나왔다. 장 볼 때마다 감자며 당근 같은 식재료를 담아 왔던 것들이다. 한 번 쓰고 버리기가 아까워 꽁꽁 묶어 두다 보니 많아졌다. 정작 모으기만 하고 쓰지는 않은 비닐봉지들을 보니 내가 엄마를 참 많이 닮았구나 싶었다. 찬장을 열어보니 먹고 나서 씻어둔 요구르트 통만이 아니라 테이크아웃 컵들까지 다소곳이 모여 있었다.

관계

연애 초기에는 무슨 말이든 끝까지 귀 기울여 듣고 맞는 말이라고 '응응' 하며 맞장구쳐 줬다.
같이 산 지 8년 차인 지금은 상대방의 말을 다 듣기도 전에 '아니야' '하지 말자' 하면서 말을 끊는 내 모습에 나도 놀라곤 한다.

함께 지내온 시간이 길어지면서 서로 모든 것에 익숙해져서 이제는 눈빛만 봐도, 입만 떼도 상대방이 할 말을 알아채는 초능력이 생겼다. 우리는 가끔 서로의 말을 쌈 싸 먹는다.

서울

큰 꿈을 안고 상경한 지도 10년이 훨씬 지났다. 많은 사람을 알게 되었고, 애초에 바라던 꿈도 꽤 많이 달라졌다. 새로운 곳에서 느끼는 설렘, 초심자의 열정, 치기 어린 자신감 같은, 그 당시 가졌던 감정과 다짐들은 온데간데없지만 지금도 변함없이 남아 있는 건 오로지 사투리. 그것만이 나를 증명해 준다는 사실에 헛웃음이 나온다.
그래도 지금 나는 내 사투리가 그대로 남아 있으면 좋겠다는 한 사람과 살고 있다. 같이 산다는 건 어쩌면 잘 알아듣기 어려운 낯선 타지의 말을 가만히 들어주는 일일지도 모르겠다.

교통체증으로 꽉 막힌 도로 한복판에 발이 묶였을 때, 외식하러 간 식당 앞에서 대기 명단에 이름을 쓰고 기다리고 있는 사람들 사이를 비집고 나올 때, 그런 낯섦 사이로 오빠의 익숙한 사투리가 들려오면 그래도 서울이라는 곳에 내 곁이 하나 있구나 하는 생각이 든다.

배려

각자 자기가 먹고 싶은 것보다 상대방이 먹고 싶은 걸 헤아려 보다가 전혀 생각지도 못했던 음식을 시키는 바람에 모처럼 가진 식사 자리를 망칠 때가 있다. 지나친 배려 때문에 오랜만에 하는 외식을 망쳤더라도 그것이 어떤 마음에서 비롯되었는지를 생각해보면 꼭 실패라고 할 수는 없다.
그래도 가끔은 '당신이 원하는 거라면 뭐든지'라는 말보다 '오늘은 날 믿고 따라와 봐'라는 말이 더 필요하지 않을까.

치킨을 좋아하는 오빠를 생각해서 내키지 않는 치킨을 시켜 먹자고 했다가 결국 체하고 말았다. 오빠는 한 시간째 내 손가락 발가락을 주무르고 있고, 나는 오빠에게 '진정한 배려'에 대한 설교를 듣고 있다. 서로 솔직한 게 진정한 배려가 아니겠냐는…. 그러게, 그냥 내가 먹고 싶은 걸 솔직하게 말할걸.

꼬꼬닭

나는 치킨을 좋아한다. 그래서 반려묘 이름도 '통닭'이다. 우리가 만난 지 얼마 되지 않았을 때 뭘 먹을지 고민하다가 치킨을 잘 안 먹는다는 진이의 말을 듣고 깜짝 놀랐다. 한국 사람들은 누구나 치킨을 좋아한다고 생각했던 나의 근거 없는 고정관념이 무너지는 순간이었다.

할머니 손에 자란 나는 운동회나 생일 같은 특별한 날이면 케이크보다 양념치킨을 더 자주 먹었다. 좋았던 기억이 그리움으로 버무려져 나의 고정관념이 된 것일까?

내가 꼬마였을 때 시골 할머니 집 한 편에 커다란 닭장이 있었다. 할머니 집에 가면 아침엔 꼬꼬댁 닭 울음소리로 눈을 떴고, 갓 낳은 따끈한 달걀을 꺼내와 아침 반찬으로 먹기도 했다. 어떤 날은 마당에 풀어 놓은 닭들과 온종일 뛰어놀기도 했다. 닭은 나에게는 그만큼 친근한 동물이었다.

그런데 슬픈 것은, 우리 가족들이 가는 날이 할머니가 닭 잡는 날이었다는 것이다. 할머니는 자식 손주들을 위해 열심히 먹이고 키웠다면서 뭉뚝한 손으로 닭을 잡아 삼계탕을 끓여 주시곤 했다. 어린 나로선 오후 내내 나와 함께 뛰어놀았던 닭이 커다란 쟁반 위에 홀딱 벗겨진 채로 올라온 모습이 너무나 큰 충격이었다. 그때부터 닭을 잘 먹지 못하게 된 것 같다. 그런 내가 닭을 좋아하는 오빠를 만났다. 고양이 이름조차 통닭이라니!

반려자

통닭이. 함께한 지가 언제인지도 모를 만큼 오래됐다. 한 마리도 감당 못 하는 주제에 새끼 몇 마리를 더 기르고 싶다는 철없는 생각으로 여태껏 중성화 수술도 시키지 않았다. 늦었지만 미안한 마음에 수술을 시키려고 동물병원에 데려갔다. 통닭이가 7살 정도라 아직 청춘이겠거니 생각했는데, 선생님 말씀으론 고양이가 7살이면 사람 나이로는 쉰 살 정도라고 한다. 그런 데다 건식 사료가 건강에 좋다는 잘못된 지식으로 지금까지 식단 관리를 제대로 못 해줬다고 혼까지 났다. 그나마 다행인 건 관리를 잘 못 한 것 치고는 너무 건강해서 오히려 멋쩍어하셨다는 것이다.

수술도 무사히 끝났다. 통닭이 목에는 흔히 굴욕 깔때기라고 하는 보호대가 씌워 있고, 수액을 주사했던 앞다리에는 반창고가 붙어 있었다. 수술한 자리에 남아 있는 실밥을 보니 마음이 아팠다. 묘생 늘그막에 무슨 고생인지. 그저 놀아주고 밥만 챙겨주면 될 거라고 가볍게 생각했던 나의 무책임한 모습이 부끄러웠다.

오빠에게 반려묘 통닭이가 있다면, 나에게는 반려 식물 방토가 있다. 우연히 생긴 씨앗을 단조로운 생활에 변화도 줄 겸 가벼운 마음으로 심었는데 어느새 내 손 한 뼘만큼이나 자랐다. 씨앗을 심어놓고 하루에도 몇 번씩이나 들여다보면서 뭔가 잘못된 거 같아 포기하려고 했을 즈음에 첫 싹이 올라왔다. 정말 코 박고 봐야 간신히 보이는 꼬물이 싹에 나는 어쩔 줄 몰라 하며 주변에 자랑하고 다녔다. 마치 나무 한 그루를 길러 내기라도 한 것처럼 뿌듯했다. 그 뒤로는 말 그대로 아주 쑥쑥 자라났다.

때때로 식물은 참 솔직하구나 하는 생각이 들 때가 있다. 조금만 소홀히 하면 금방 시들시들해지고 비틀거리기도 하기 때문이다. 요즘 나의 아침은 창가에 있는 방토에게 물을 주는 것으로 시작된다.

"방토야, 힘내. 널 기다리는 사람이 많단다.
그런데 빨갛고 동그란 얼굴은 대체 언제 보여줄 꼬니?"

가족

진이와 함께 친구 집에 갔다. 우리와는 다르게 결혼도 하고 아이도 있는 친구다. 육아휴직으로 여유가 생긴 친구가 날을 잡아 초대한 식사 자리였다.

지하철로 가다가 다시 버스를 갈아타고 도착한 동네는, 서울에 이런 곳도 있었나 할 정도로 고즈넉한 곳이었다. 신혼집을 구경한 뒤 15개월 된 딸아이와 친구 아내와 함께 둘러앉아 정성스레 차려낸 음식을 먹었다. 친구의 연애 시절 이야기, 앞으로 우리에게도 다가올 결혼, 육아에 대한 조언 아닌 조언을 들으며 즐거운 시간을 보냈다.

식사를 마치고 이야기가 한참 무르익어갈 때쯤 아내와 아이는 우리 옆에 앉혀두고 조용히 주방으로 가서 쌓여 있는 그릇들을 설거지하는 친구의 뒷모습이 오늘따라 듬직해 보였다. 나에게도 저런 삶이 가능할까? 머릿속에 여러 가지 생각이 맴돌았다.

나는 어떤 아내, 어떤 엄마가 될까? 그게 가능할까? 그건 가능한 삶일까?

평소에도 자연스레 하게 되는 생각 중 하나였지만 얼마 전 오빠 친구 부부의 식사 초대에 다녀온 뒤로 더 자주 생각하게 된다. 나도 이제 결혼할 때가 된 건가 싶고, 이제 정말 어른이 되어야 할 시간이 다가온 것 같기도 하다. 이제 오빠에게 어리광부리는 건 그만둬야 한다고 생각하니 서운함이 밀려온다.

나는 어떤 아내, 어떤 엄마가 될까?
그게 가능할까? 그건 가능한 삶일까?

2

목욕탕

진이의 고향에 다녀왔다. 진이의 부모님은 모자란 나를 그래도 좋게 봐주셨다.

나는 진이의 고향에 가기 전에는 꼭 대중목욕탕에 다녀온다. 평소 여행을 그다지 즐기지 않아서인지 나는 목욕탕 가는 일이 여행처럼 느껴지기도 한다. 낯선 곳으로 여행 가서 자기 자신을 되돌아보고 앞으로 어떻게 살아갈지를 생각하고 굳게 다짐하듯이, 나는 목욕탕에 가서 반성과 다짐을 하곤 한다. 나쁜 습관들을 밀어내듯 때를 밀고, 냉탕과 온탕을 오가며 정신도 깨운다. 철 좀 들자. 아니, 돈 좀 벌자. 아니 음악을 좀 더 잘해보자. 아니 잘하고 있어. 이 정도면 괜찮은 삶이지…. 그런 생각을 실컷 하고는 바나나우유 하나 쪽쪽 빨면서 목욕탕에서 나온다.

물론 삶이 매번 이렇게 뽀얗지만은 않다. 그래도 보여줄 거라고는 가능성뿐일 때 나는 꼭 목욕탕에 가곤 한다.

진아, 목욕탕 가게 챙겨라! 이 말이 이렇게 그리울 줄이야.
어릴 적 주말이면 목욕탕 가자는 엄마의 말은, 나에게 방학이나 주말이 반쯤 날아가 버린 것 같은 우울함을 안겨주었다. 친구들과 놀 시간도 부족한데 왜 두 시간씩이나 희뿌옇고 답답한 곳에서 아프고 짜증 나는 때 밀기를 하러 가야 하는지…. 게다가 목욕탕에서 나올 때는 벌겋게 달아오른 얼굴을 친구들에게 보여주고 싶지 않아서 마음 졸이며 잰걸음으로 돌아와야 하는 게 어린 나로서는 너무 싫었다.

지금은 그랬던 그때가 눈물 나게 그립다. 부모님과 떨어져 산 지도 어느덧 10년이 훌쩍 넘어간다. 나와서 살면서부터는 마음 편히 등을 맡길 엄마가 없어서 자연스럽게 목욕탕 가는 일도 줄었다. 요즘은 목욕 가방을 든 엄마와 딸만 봐도 부러워서 코끝이 찡해진다.

우린 목욕탕 앞에서 각자의 목욕 가방을 들고 잠시 헤어지기로 한다. 일상의 모든 것을 함께하는 엄마 같은 오빠지만, 목욕탕에서만큼은 오빠도 어쩔 수 없다. 아쉬운 내 맘을 알았는지 오빠는 잊지 않고 내 손에 바나나우유를 쥐여 주며 말한다.

"진아, 한 시간 뒤에 만나."

"진아, 목욕탕 가게 챙겨라!"
이 말이 이렇게 그리울 줄이야.

프리마켓

프리마켓에 참가했다. 진이의 일이지만 혼자 하기 버거운 것들이 있어서 거들어 주게 되었다. 정성 들여 준비한 물건들을 사람들에게 선보이고 이쁘다는 칭찬도 들었고, 생각했던 것보다 마켓이 잘 돼서 뿌듯했다.

함께 지낸 시간이 늘어갈수록 서로 할 말은 줄어든다. 그런데 이번 마켓을 위해 밤을 새워가며 제품들을 준비하면서 서로 의견이 달라 삐치기도 하고 티격태격 말다툼도 자주 했다. 싸울 때는 언짢고 불편했지만 지나고 나니 예전보다 오히려 활력 있는 관계가 된 것 같다.

몇 년째 잘 되지도 않는 가난한 밴드를 하느라 벌이도 변변찮은 나는 진이에게 많이 모자란 사람이다. 내가 할 수 있는 건 많지 않지만 부족한 대로 진이 곁에 있어 주는 일만큼은 내가 제일 잘할 수 있다.

혼자였다면 생각도 못 해봤을 텐데 오빠가 있어서 프리마켓에 참가했다.

나는 낯을 많이 가리고 '새로운'이라는 수식어가 붙는 건 무조건 다 불편하다. 이런 성격은 나의 오랜 콤플렉스다. 이제껏 난 왜 이 모양일까 하면서 무수히도 나 자신에게 상처 내곤 했다. 그런데 오빠를 만나고부터 나의 이런 모습도 조금은 편안하게 바라볼 수 있게 되었다. 나만 못난 게 아니라 사람들은 누구나 제각각 다르고, 못하는 게 아니라 나와 맞지 않는 거라며 나 자신을 다독일 줄도 알게 되었다. 덕분에 '그래! 좀 못하면 어때! 이제는 그 부족함을 채워주는 오빠가 내 곁에 있는데! 내가 잘할 수 있는 걸 잘해보자!'라며 힘을 내본다.

나는 내 부족한 것까지도 다 보여줄 수 있는 사람이 잘 때 내 옆에 있어서 좋다. 같이 산다는 건 서로 부족한 부분을 채워가는 일인 것 같다. 같이 살지 않았으면 서로 부족한 부분은 감춰둔 채로 만나고 있을지도 모르니까.

'그래! 좀 못하면 어때!
이제는 그 부족함을 채워주는 오빠가 내 곁에 있는데!
내가 잘할 수 있는 걸 잘해보자!'라며 힘을 내본다.

미역국

내가 아는 한 사람은 생일날 미역국을 못 먹으면 종일 서러워한다. 나는 그 사실을 알고 있는 몇 안 되는 사람 중 하나다.

오늘은 진이의 생일이다. 일 년 중 가장 신경 쓰이는 날이다. 진이와의 관계에서 가장 어려운 것은 이러지도 저러지도 못할 때다. 올해 생일도 너무 지나치지는 않을 정도로 나름 신경을 썼는데 만족스럽지는 않았나 보다. 오랫동안 함께해온 생일인데도 번번이 진이의 취향에 맞추기가 여간 어려운 게 아니다.

매년 생일이면 엄마가 잊지 않고 미역국을 끓여주셨다. 그래서인지 생일날 미역국을 못 먹으면 그렇게 서글플 수가 없다. 부모님과 떨어져 산 뒤로는 미역국에 대한 애착이 더 심해진 듯하다. 그걸 누구보다도 잘 알고 있는 오빠는 매년 내 생일엔 잊지 않고 미역국을 끓여준다. 올해 생일도 오빠가 끓여준 미역국 한 그릇으로 서럽지 않은 하루를 보낼 수 있었다.

흰머리와 새치

진이는 요즘 머리를 감고 나면 흰머리가 없냐면서 내 앞에 앉아 머리를 들이민다. 종종 보이던 새치가 신경 쓰였는지 요즘 들어 자주 흰머리를 뽑아달라고 부탁한다. 그리 많지도 않은 새치가 뭐 그리 대수라고 걱정하는지 이해는 안 되지만.
흰머리가 자연스러운 나이가 돼서도 건강했으면 좋겠다.

아직 하고 싶은 것도, 해야 할 것도 많은데 몇 가닥씩 흰머리가 보이면 갑자기 마음이 조급해진다. 바람이 불어오고 흘러가듯 당연한 것들을 자연스럽게 마주하는 사람이 되고 싶은데, 바람이 불면 새치가 흰머리로 보일까 봐 더 걱정된다.
새치는 뽑으면 한 구멍에 두 가닥, 세 가닥씩 올라온다던데… 걱정이다. 걱정이 과했던지, 어느날 통닭이(고양이)의 털이 내 머리 위에 내려 앉은 걸 보고는 비명을 질렀다.

모래성

진이가 꿈 이야기를 했다. 언제 무너질지 모를 모래성을 조마조마한 마음으로 열심히 쌓고 있는 꿈이라고 했다. 꿈 같은 건 별 의미 없다며 대수롭지 않은 척 대답해 줬지만 내가 모르는 불안이나 걱정거리가 있어서 꿈으로 나타난 건 아닌지 걱정된다.
별일 아닌 걸 유난히 신경 쓰는 것조차 우리는 서로 너무 닮았다.

뉘엿뉘엿 해가 저물어 가는 넓은 모래사장에 홀로 앉아 모래성을 쌓고 있는 꿈을 꿨다. 밀려오는 파도에 금방 사라질지도 모를 모래성을 묵묵히 쌓으면서 무너지면 어쩌나 하면서 꿈속에서도 불안해했다. 요즘 들어 내가 부쩍 수박 겉핥기식으로 사는 것 같아 오빠에게 자주 넋두리하곤 했는데 그것 때문이었을까?

단단한 한 사람이 되고 싶다. 야무지게 살아야지 다짐한 후 우리는 당분간 해변에는 가지 않기로 했다.

대봉

가을에는 감이 제철이다. 매년 이맘때면 고향에서 상자째로 올라오기 때문에 친구들과 나눠 먹곤 한다. 친구들 대부분은 대봉감을 단감처럼 먹었다가 혼쭐이 난다. 나도 처음에는 모르고 단감 까먹듯이 먹었다가 그 떫은맛에 기겁했었다.

그래서 단감이라면 모를까, 대봉감을 친구들에게 나눠줄 때면 괜한 짐을 떠넘기는 게 아닌가 싶기도 하다. 익혀서 홍시로 만들어 먹어야 하니 내 성의를 봐서 거절 못 하고 들고는 가지만 괜히 처치가 곤란한 건 아닌지. 좁은 집에 한 상자나 되는 감을 널어놓고 홍시를 만들기란 여간 귀찮고 힘든 일이 아니기 때문이다.

원할 때 원하는 만큼만 익어 준다면 좋겠지만 우리가 나이를 먹는 것처럼 맘대로 되지는 않는다. 잘못해서 곰팡이라도 생기면 맛도 못 보고 버릴 때도 있다. 그래도 잘 익혀서 냉동실에 하나하나 얼려 놓고 겨우내 꺼내 먹는 대봉감의 맛은 앞으로도 포기할 수 없을 것 같다.

코끝이 시리기 시작하는 겨울 문턱에 서면 매년 고향 집에서 대봉감과 단감이 올라온다. 이제는 익숙해질 만도 한데 언제나 까맣게 잊고 있다가 택배 알림 문자를 받고서야 깜짝 놀라곤 한다. 아… 드디어 올 것이 왔구나. 그것도 그럴 것이, 이맘때면 고향집에서 단감과 대봉감을 각각 한 상자씩 보내주기 때문이다. 겨울마다 찾아오는 룸메이트가 돌아온 기분이다.

겨울 준비

갑자기 날씨가 쌀쌀해졌다. 진이와 함께 겨울 동안 입을 내복을 준비했다. 집에서 실내복으로 입으려고 내복 중에서도 가장 두툼하고 따뜻한 것으로 골랐다.
나는 건강한 체질이라 감기에 잘 걸리지 않지만, 진이는 일 년에 두세 번은 감기에 걸릴 정도로 추위에 약하다. 인터넷으로 내가 아닌 다른 사람의 내복을 주문해 본 건 처음이다. 문득 내가 아끼는 누군가의 내복 치수를 알고 있다는 사실에 미소가 나왔다. 우리는 같은 내복을 입는 사이다.

오빠는 한겨울에 따뜻해야 할 집안에서 추위를 느끼면 그렇게 서럽다고 하더니 다음날 양손 가득 내복을 들고 나타났다. 우리 집에서만큼은 춥게 지내지 말자며….
이번 겨울은 따뜻하다 못해 뜨거운 겨울을 보내게 될 것 같다.
'그런데 오빠, 나는 말이지… 조금 춥더라도 내복보다는 이쁜 잠옷이 입고 싶었단 말이야…'

우리 여기서 내일도 만나요, 야옹

쓰레기 더미를 뒤지고 있는 고양이를 만났다. 녀석은 우리를 경계하듯이 잠깐 바라보다가 어디론가 쓱 가버렸는데, 뜬금없이 옆 담벼락에서 다른 고양이가 고개를 내민다. 우는 아이 젖 준다고 붙임성 있게 다가와 준 고양이에게 간식도 주고 물도 떠줬다. 맘 편히 먹는 모습이 귀엽기 그지없다. 고양이도 사람처럼 저마다 성격이 다르다는 게 새삼 신기했다. 겁이 많아 얻어먹지도 못하고 쓰레기 더미만 뒤지다 가버린 고양이는 곧 다가올 겨울을 어떻게 날지 걱정된다. 고양이나 사람이나 울어야 제맛인 것을.

얼마 전부터 자주 오가는 길에서 눈도장을 찍은 고양이 한 마리가 생겼다. 쓰레기 더미를 뒤지고 있던 고양이에게 밥을 주려고 오빠와 내가 인사를 건네는 사이 다른 고양이가 다가와서 두 눈을 말똥히 뜨고 눈을 맞춰준 것이다. 그날로 우린 녀석에게 정을 주고 말았다. 서투른 첫 만남 뒤로 운 좋게도 계속해서 그 녀석과 인연이 이어졌다. 누군가 나를 의지한다고 생각하니 마음이 뜨거워지면서도 한편으로는 아리기도 해서 마음이 복잡해졌다. 우리 곁에서 마음 편히 밥을 먹고 있는 녀석을 보고 있자니 걱정이 앞선다. 녀석과 내가 말이라도 통한다면 몇 시에 여기서 만나자고 약속이라도 할 텐데…. 녀석을 만나지 못하는 날은 마음이 쓰인다.

고양이나 사람이나
울어야 제맛인 것을.

장갑

진이는 해마다 겨울이 가까워지면 장갑을 사달라고 조른다. 보통 때는 가지고 싶은 걸 직접 사면서도 장갑은 해마다 나한테 사달라고 조른다. 작년에도, 재작년에도 그랬다. 손이 시린 날엔 장갑이 먼저 눈에 들어오나 보다. 장갑은 하나만 있어도 충분하다고 생각하는 나로서는 이해할 수 없는 일이다. 그런데 그보다 더 이해할 수 없는 건 정작 추운 겨울에는 갑갑하다면서 장갑을 끼지 않는다는 거다. 그런데도 해마다 나의 겨울은 진이의 장갑을 사는 것으로 시작된다.

겨울이 왔다. 집에는 각각 다른 모습의 장갑들이 이 계절을 기다리고 있다. 정작 겨울에는 갑갑하다며 늘 고무공처럼 돌돌 말아 호주머니 속에 넣어두지만, 겨울만 되면 나는 장갑 구경하는 게 좋다. 장갑을 마르고 닳도록 끼다가 구멍이 나야만 새 장갑을 사는 오빠에게는 나의 장갑 사랑이 사치로 보이나 보다. 그래도 난 책을 산 것만으로도 책을 읽은 것만큼 뿌듯한 것처럼 장갑을 사는 것만으로도 따뜻해지는 것 같다. 이런 기분을 오빠가 알랑가 몰라.

식사습관

어릴 적 나는 외동인 데다 가족들이 모두 장사하느라 바빠서 혼자 집에 있는 시간이 많았다. 밥은 대개 차려놓은 반찬에다 따끈한 밥만 퍼서 먹었고, 혼자 먹는 밥도 익숙했다.

처음 진이를 만났을 때 놀랐던 건 밥을 화난 것처럼 아무 말도 하지 않고 먹는 것이었다. 늘 대화가 가득한 식사시간을 동경해왔던 나로서는 섭섭하고도 답답한 장면이었다. 그때나 지금이나 달라진 건 없지만 오늘도 나는 진이와 맛있게 밥을 먹는다. 말은 내가 걸면 되니까.

나는 배가 고프면 먼저 손발이 떨리고 날이 선다. 먹기 시작하면 그 어느 때보다 최고의 집중력을 발휘해서 후다닥 먹어치운다. 그래서 밥 먹을 때는 말할 틈도 없다.

연애 초기에 오빠는 이런 나에게 화가 났냐고 자주 묻곤 했다. 그때마다 어릴 때부터 밥상에선 말하는 것이 예의가 아니라고 배워서 그렇다며 당당하게 아빠 핑계를 대곤 했다. 하지만 솔직히 말해서 그런 습관이 생긴 건 나의 식탐 때문이다.

요즘은 내 소화력이 예전 같지 않다. 이제는 건강 생각해서라도 오빠랑 대화도 하면서 느긋한 식사시간을 가져볼까 한다. 하루아침에 바뀌긴 어렵겠지만 계속해서 애쓰다 보면 언젠가는 오빠가 꿈꾸던 식사시간을 가질 수 있지 않을까? 우선, 오빠보다 늦게 밥그릇을 비우는 것부터 연습해야지!

콜 미

연말이라 술자리가 평소보다 많아졌다. 오늘도 눈치를 보며 진이에게 술을 마시러 가도 되는지 물었다. "그렇게 해." 진이의 시원한 대답을 듣고 친구들과 늦게까지 술을 마셨다.
그런데 술을 마시고 늦게 들어온 다음 날이면 왜 진이가 화가 난 것처럼 보일까? 그저 나만의 착각일까?

잠이 많지는 않은데 나는 남들보다 이른 시간부터 졸음이 쏟아진다. 그래서 어릴 때부터 밤을 새우며 뭔가를 한다는 것이 나에겐 고통스러웠다. 덕분에 일찍 자고 일찍 일어나는 사람이라는 이미지가 박혀 버렸다. 어른이 되고 자주 하게 되는 생각은 그게 진짜 별로라는 거다. 나도 사람인지라 때로는 밤을 새워가며 술도 마시고 싶고, 놀고 싶을 때도 있다. 그런데 나한테 박혀 있는 이미지 때문에 외로워진다.
오빠가 늦은 밤에 친구와 술 한잔하러 간다면서 나갔다. 나도 같이 가고 싶었는데…. 나는 전화기만 뚫어져라 바라보고 있다. 전화 한 통이면 나도 버선발로 뛰어나갈 텐데.

향초

아침에 갈치를 구워 먹었다. 생선을 구우면 온 집안에 냄새가 배는 건 어쩔 수가 없다. 진이가 요리할 때마다 초를 켜면 어떻겠냐고 슬며시 눈치를 보며 묻는다. 양초 때문에 싸운 적이 있기 때문이다.
진이는 집안에 가득 찬 냄새도 잡고 기분도 안정될 것 같다며 틈틈이 초를 켜자고 했지만 나는 그것을 한사코 반대했다. 옥신각신하다가 결국 더 강하게 반대하는 내 의견대로 집에서는 초를 쓰지 않기로 했다.
진이는 TV를 보다가 자신도 모르게 잠이 들곤 한다. 한번은 스트레칭을 하다가 그 자세 그대로 잠든 적도 있다. 그러니 혹시나 초를 켜놓고 잠들면 어쩌나, 그러다가 집에 불이라도 붙으면 어쩌나, 걱정을 안 할 수가 없다. 너무 지나친 걱정일 수도 있겠지만 가끔 자기도 모르게 잠이 드는 진이를 너무 잘 알고 있기에 절대 이것만은 양보할 수가 없다.

나는 좋은 향기를 좋아한다. 겨울이면 날씨가 춥다는 이유로 아침저녁으로 해오던 환기도 하지 않고 창문을 꽁꽁 닫아 두는 오빠 때문에 나를 둘러싼 모든 것이 음식 냄새로 한 꺼풀 덧칠된 기분이다. 외출할 때마다 향수를 뿌려도 음식 냄새의 잔향이 어느새 스멀스멀 올라온다.
"우리 향초 하나 살까? 어때?"
역시나 단호히 거절당했다. 그나마 넓은 집으로 이사 가면 한번 생각해보겠다는 약속은 받아냈다. 나는 오늘도 꿈속에서 향초를 피운다.

크리스마스이브

내가 발표한 곡 중에 '완벽한 거짓말'이라는 곡이 있다. 연애 초기의 경험으로 가사를 쓴 노래다.

음악 한답시고 경제 활동을 전혀 하지 못해서 돈이 똑 떨어진 상태에서 크리스마스를 맞은 적이 있다. 부끄럽지만 변변한 선물 하나 주지 못했고, 맛있고 분위기 좋은 식당에서 밥 한 끼 사주는 것조차 부담스러운 상태였다. 아직 한 달쯤 남은 공연을 핑계로 하지 않아도 될 연습까지 일부러 잡아가며 진이와 함께 보내야 하는 크리스마스이브를 요리조리 피했다. 연말이라 바빠서 그렇다고 속였다. 더욱 놀라운 건 어느새 나 자신도 실제로 바빠서 그렇다고 믿게 되었다는 것이다. 자존심은 자기 자신까지 속일 만큼 무섭다.

올해도 어김없이 다가온 크리스마스. 크리스마스를 특별한 이벤트 없이 보내면 바보가 된 기분이 들어서 크리스마스가 다가오는 게 반갑지 않다. 그래서일까. 크리스마스엔 일부러 더 아무것도 하고 싶지 않다. 오빠에게 이런 마음을 이야기했더니 집에서 조촐하게 맛있는 음식이나 해 먹자고 했다. 그러면서 연애 초기 크리스마스의 추억을 주저리주저리 늘어놓았다. 고해성사라도 하는 것처럼 솔직하지 못했다는 둥, 그래서 미안했다는 둥…. 우리 오빠가 갑자기 왜 이러지? 뭘 해 먹을지나 생각해 볼 것이지….

크리스마스엔 일부러 더 아무것도 하고 싶지 않다.

STRANGER THINGS (기묘한 이야기)

진이와 미루고 미뤘던 미드를 봤다. 시즌 1을 보고 시즌 2가 나오는 날을 손꼽아 기다렸는데 막상 방영된 지 한참 지나서도 보지 못했다. 이런저런 일로 바쁘기도 했지만 그보다는 괜히 보기가 싫었다. 게을러져서 작업을 소홀히 하다 보니 한가하게 시간을 보내거나 다른 새로운 걸 하게 되면 왠지 모를 죄책감이 들어서다. 그렇다고 그 시간에 작업을 열심히 하는 것도 아니다. 나야 그렇다 치더라도 극장에서 심야 영화를 보거나 가본 적 없는 새로운 곳을 찾아가는 걸 좋아하는 진이마저 나처럼 판에 박힌 생활을 하게 된 것 같다. 내 생활 리듬에 맞추느라 진이의 하루하루가 시들어가고 있다고 생각하니 미안해진다.

오빠와 꼭 함께 보기로 약속한 미드가 있다. 지난여름 내내 매주 한 편씩 아껴보는 맛에 참 행복했다. 마지막 회는 아껴두고 아껴두다가 시즌 2 방영 예정 소식을 듣자마자 냅다 보았었다. 나는 재밌는 거나 맛있는 건 아껴두지 못하는 성격이라 오빠 속도에 맞추는 게 쉬운 일이 아니다. 하지만 이 미드는 시즌 끝까지 함께 보기로 했으니 그 약속 지켜보려고 한다. 막 혼자 보고 안 본 척하는 짓은 안 할 거다. 나는 할 수 있다. 할 수 있을 거다….

맛있는 건 아껴두지 못하는 성격이라
오빠 속도에 맞추는 게 쉬운 일이 아니다.
하지만 막 혼자 보고 안 본 척하는 짓은
안 할 거다. 나는 할 수 있다.
할 수 있을 거다….

곰탕

곰탕은 젊음의 꼬리를 잡는 음식이라고 한다. 진이 어머니가 그런 곰탕을 고아 보내셨다.

할머니, 할아버지와 함께 보낸 어린 시절에는 서너 달에 한 번씩 곰탕을 먹었다. 집에서 먹는 곰탕은 하루 이틀만 먹고 끝나는 게 아니라 큰 솥에다 끓여서 다 먹고 나면 재탕해서 또 먹었다. 그러다 보면 보통 2주 동안은 줄곧 곰탕만 먹게 된다. 그러는 동안 주방이며 거실 바닥은 기름으로 미끌미끌하고, 집 안 구석구석은 누린내로 가득 찬다. 그때는 그게 참 싫었다.

요 며칠 진이 어머니가 보내주신 곰탕을 하루도 빠짐없이 먹고 있다. 파를 잔뜩 넣고 한 그릇 든든하게 먹고 나면 할머니 밑에서 걱정 없이 보내던 어린 시절이 생각나서 마음이 넉넉해지는 것 같다.

빤들빤들한 리본 에나멜 구두만 고집하던 어린 시절, 이제 막 한글을 뗀 나는 여기저기 쓰여 있는 글자들을 읽기에 바빴다. 그러던 어느 날 곰탕이라고 쓰여 있는 간판을 소리 내어 읽고는 깜짝 놀랐다. 그 단어의 뜻이 산속에 사는 곰이 아닌 소뼈를 오랜 시간 끓인 국이고, 몸에 좋고 비싼 음식이라는 것은 나중에야 알게 되었다. 그 시절엔 밍밍하고 느끼한 국물을 무슨 맛으로 먹는지 도무지 이해가 안 됐다.

키 크고 싶으면 먹으라는 엄마의 잔소리에 어쩔 수 없이 꾸역꾸역 먹었던, 세상 반갑지 않던 곰탕이 지금은 어느새 없어서 못 먹는 음식이 되었다. 곰탕을 끓여 보낸다는 엄마의 전화에 이렇게 신이 날 줄이야.

빤들빤들한 리본 에나멜 구두만
고집하던 어린 시절, 이제 막 한글을 뗀 나는
여기저기 쓰여 있는 글자들을 읽기에 바빴다.
그러던 어느 날 곰탕이라고 쓰여 있는
간판을 소리 내어 읽고는 깜짝 놀랐다.

봄동비빔밥

고춧가루 2, 마늘 1, 설탕 0.5, 양조간장 1, 매실 1, 꿀 0.5, 식초 1, 뜨끈뜨끈한 흰밥에 비빔밥. 요즘 요리하기가 참 수월하다. 먹고 싶은 게 있으면 인터넷에 검색해보면 뭐든 다 나온다. 오랜 자취 생활에 얼핏 봐도 안다며 대충 읽고는 진이에게 봄에 봄동비빔밥을 만들어주겠다고 말했다. 결과는 실패.

요리를 좋아하는 오빠는 사 먹는 것보다 해 먹는 것을 즐기는 사람이다. 콩나물과 파를 다듬으며 TV 보는 시간이 제일 행복한 사람이다. 우리는 살 게 없어도 마트나 시장 구경을 자주 간다. 다 먹고살자고 하는 거 아니겠냐며 늘 먹을 궁리를 하고 산다. 나는 그런 고민을 하는 시간이 너무 좋다. 새콤달콤한 봄동비빔밥 또 해주세요.

겨울 끝자락

한파가 길어지다 보니 몸에도 이상이 생겼다. 진이는 눈에 다래끼가, 나는 목에 인후염이 생겼다. 어떻게 관리하면 좋을지 인터넷을 검색해봤다. 그러고는 마우스질 몇 번으로 쉽게 정보를 찾을 수 있으니 의사라도 된 양 내 몸에 직접 처방을 내리곤 병원에는 가지 않았다. 내 몸은 누구보다 내가 잘 안다며 나도 모르게 병원을 불신했다. 주말이 지나면 더는 까불지 말고 곧바로 병원으로 가야겠다.

이게 뭐야, 다래끼가 올라왔네. 내 기억으론 중학생 때 이후로는 처음인 듯하다. 얼마 만에 생긴 다래끼인지 처음엔 반갑기까지 했다. 날씨는 영하 17도를 찍었다. 매일 오매불망 택배 기다리는 마음으로 봄을 기다리고 있는데 무심하게도 하늘에선 흰 눈이 나풀나풀 내린다. 힘이 쭈~욱 빠진다. 어쩜 이래. 며칠 전 사고 싶었던 립스틱을 드디어 사서 서랍 속에다 고이 모셔뒀는데 새싹 대신 다래끼가 올라오다니.

미신을 대하는 우리의 자세

아는 사람과 비슷하게 생긴 낯선 사람을 아는 사람으로 착각했을 때는 뒤통수를 위아래로 세 번 긁어야 한다. 그렇게 하지 않으면 나중에 잘못 봤던 지인을 만났을 때 그 사람이 이유 없이 화를 낸다는 미신이 있다.

어릴 적에는 저녁마다 할머니 손을 잡고 장사를 마치고 돌아오는 할아버지를 마중하러 나가곤 했다. 어려서 분별력이 없었던 나는 혼자 걸어오는 아저씨만 보면 할아버지, 하고 부르며 달려갔다. 그럴 때마다 할머니는 어린 손주에게 뒤통수를 세 번 긁으라고 시켰다. 그렇게 하지 않으면 할아버지가 집에 와서 '이놈' 하고 화를 낸다고. 우스운 미신인 줄 알지만 서른이 훌쩍 넘은 지금도 그 습관은 고스란히 남아 있다. 그걸 아는 진이는 같이 길을 가다가 내가 뒤통수를 긁으면 '왜? 또 누구를 잘못 봤어?' 하고 물으며 웃는다.

이성적으로 생각해보면 절대 말이 안 되는 미신인데도 가끔은 불안할 때가 있다. 이를테면 문득 보게 된 시계가 4시 44분을 가리키고 있으면 기분이 찝찝해서 45분이 될 때까지 시계를 뚫어져라 보고 있다든지, 친구와 머리가 부딪치면 한 번 더 부딪쳐야 나쁜 일이 생기지 않는다는 미신 때문에 한 번 더 머리를 박아야 마음이 편해진다든지. 아무리 생각해 봐도 얼토당토않은 강박증이라 어디 가서 말하기도 부끄러웠는데, 오빠에게도 그런 습관이 있다니까 왠지 위로가 된다. 나만 이상한 게 아니었어….

아무리 생각해 봐도 얼토당토않은 강박증이라
어디 가서 말하기도 부끄러웠는데,
오빠에게도 그런 습관이 있다니까 왠지 위로가 된다.

어반 포레스트

내가 자란 경주는 산 좋고 물 좋은 고장이다. 마을 뒤편에는 뽕나무며 감나무, 무화과나무가 즐비했다. 분명 주인은 있었지만 그냥 내버려둬서 저절로 여무는 과일나무들을 서리해 먹고, 도랑에 나가서 메기도 잡고 물놀이를 하며 자랐다.

사람들은 휴가를 보내겠다고 경주에 내려오는데 나는 부산이나 대구 같은 인근 도시를 구경하러 갔었다. 지금도 여전히 매력적인 도시 생활에 궁금한 게 많지만, 요즘처럼 미세먼지도 심하고, 이런저런 일로 사람들에게 치일 때면 한적하고 풍요로웠던 그때의 풍경과 친구들이 생각나곤 한다.

어릴 때는 특별시나 광역시라는 이름이 붙은 곳에 사는 친척들이 부러웠다. 방학이면 큰 도시에 사는 이모 집에 놀러 가자며 엄마를 달달 볶았고, 우리도 도시로 이사 가자고 노래를 불렀다. 그게 쉽지 않은 일이라는 걸 알 리 없었던 그 꼬맹이는 스무 살이 되면 혼자서라도 서울에 갈 거라고 이를 꽉 물며 다짐했었다. 시간이 흘러 자연스레 서울로 올라왔고 그렇게 시작된 나의 도시 생활도 어느덧 십 년이 훌쩍 넘었다. 뭐든 익숙해지면 애틋함이 사라지듯이 서울 생활이 자연스러워지면서 도시 생활에 대한 불평을 늘어놓기도 하지만 아직은 무채색 빌딩이 가득한 여기가 편하다 여겨왔다. 그런데 십 년이면 강산도 변한다더니 올해부터 이상하게 조용하고 여유로운 영화들을 찾아보고 자연에 둘러싸인 곳에서 생활하는 모습을 상상해보기 시작했다.

사과나무가 있는 집

아침에 사과 먹는 버릇을 들이고 있다. 아직은 하나를 깎아놓고 절반도 먹지 못한다. 조금이라도 신맛이 나면 먹기가 어렵다. 과일 본연의 맛을 좋아하는 진이와 나는 입맛이 달라도 너무 다르다. 그래도 함께 살면서 입맛 차이도 조금씩 줄어드는 것 같다.

나는 특별히 싫어하는 과일이 없다. 게다가 내 돈으로 사 먹기 시작하면서 과일에 더 애틋함이 생겼다. 사과는 특히 내가 좋아하는 과일 중 세 손가락 안에 꼽힌다. '아침 사과는 금사과'라는 말을 듣고부터 '1일 1사과' 습관도 자리 잡았다. 집에 사과가 뚝 떨어지면 쌀이 떨어진 것처럼 마음이 조급해지기도 한다. 그럴 때마다 오빠에게 사과가 주렁주렁 열리는 나무 한 그루가 있는 집에서 살고 싶다고 노래를 한다.

3

꽃을 사다

거리에서 꽃다발을 들고 다니면 왠지 부끄러운 마음이 든다. 꽃을 사 들고 다닌 경험이 별로 없어서 그런지 괜히 사람들이 나만 쳐다보는 것 같아서 혼자 얼굴을 붉히곤 한다.

생일과 기념일에 의무적으로 진이에게 꽃을 선물한 적은 있지만, 뜬금없이 꽃을 내민 적은 아직 한 번도 없다. 시들면 처치 곤란해지는 선물보다는 실용적이거나 보통 때 가지고 싶었던 걸 선물하는 게 더 합리적이라고 생각했기 때문이다.

요즘 들어 자주 꽃집 앞에서 발길을 멈추는 진이를 볼 때면, 이제까지 내가 선물의 기준을 너무 메마른 내 감성에 맞춘 건 아닌가 싶다. 진이가 잊을 만할 때 뜬금없이 꽃을 사봐야겠다.

동네를 산책하다가 꽃을 파는 트럭을 발견하면 냅다 구경을 간다. 이것도 사고 싶고 저것도 사고 싶은데 어떡하지? 행복한 고민이 시작된다. 전에는 꽃을 고르고 사는 일이 낯설고 어색해서 늘 구경만 하고 말았다. 그런데 요즘은 특별한 일이 없어도 종종 꽃을 사서 집에 꽂아두곤 한다.
꽃이 주는 에너지를 좋아한다. 보고만 있어도 나도 모르게 입꼬리가 스윽 올라가고 저절로 집중하게 된다. 꽃 하나하나를 가만히 들여다보면 정말이지 못난 구석이 없다. 저마다 제 모습 그대로 이쁨을 뿜어내고 있다. 뿜뿜이들 같으니라고.

동생

얼마 전 진이 동생이 서울에 올라왔었다. 남매들이 흔히 그렇듯이 두 사람도 아끼는 물건을 달라고 하지를 않나, 사다 놓은 과자들을 허락 없이 먹었다고 타박하질 않나…, 정말 별일도 아닌 일로 티격태격하고는 하소연을 한다.

외동으로 자란 나는 가족 모두가 장사하느라 바빠서 여름방학만 되면 시골에 있는 고모 집으로 보내졌다. 남매가 셋이나 되는 사촌들과 낮에는 도랑에서 고기를 잡고 밤에는 이불을 무릎까지 덮고 전기 게임, 마피아, 공공칠빵 같은 놀이를 하면서 즐겁게 보냈다. 사촌들과 즐거운 여름방학을 보내고 돌아오면 텅 빈 우리 집은 한낮인데도 서늘하고 어둑어둑하게 느껴졌다. 평소와 같이 소파에 누워 만화영화를 보다가 갑자기 외로워서 펑펑 울었던 적도 있다. 주체할 수 없이 쏟아져 나오는 눈물을 그때는 이해할 수 없었다. 10살도 채 되지 않은 어린 마음에, 나도 모르게 툭 터져 나왔던 내 인생 처음으로 외로워서 흘린 눈물이었다.

외동딸이 꿈이었던 나에게 4살이 되던 해에 남동생이 생겼다. 동생이 생긴 충격 때문이었는지 부모님의 사랑을 독차지하려고 고군분투했던 기억이 난다. 그렇다고 동생이 싫었던 건 아니다. 다만 무엇이든 나누고 양보할 줄 알아야 한다는 게 어린 마음에 너무 힘들었다. 그래서인지 외동인 친구들이 많이 부러웠다.

이따금 동생이 미워서 눈을 흘기다가도
추울까 봐 이불을 살포시 덮어주고 있는 나를 발견하고는
어이없어서 큭 웃음이 터질 때가 있다.

안 하던 짓을 해서

초특급 계란국을 만들어주겠다며 아침부터 바지런을 떨었다. 계란국은 육수가 중요하기 때문에 무와 멸치, 온갖 재료들을 탈탈 털어 넣고 진하게 우려냈다. 이왕 하는 김에 육수를 넉넉히 만들어뒀다가 다음 요리에도 쓰기로 했다.

작은 냄비에 잘 우려낸 육수를 붓고 부추와 채 썬 양파를 넣고, 그 위로 잘 풀어놓은 달걀을 살짝 두른 다음 소금과 파를 수북이 올려서 마무리했다. 그렇게 만든 계란국으로 진이와 맛있는 아침을 먹었다.

그날 일을 마치고 집에 돌아와 보니 웬일로 깨끗하게 설거지가 되어 있었다. 보통 때는 설거지를 잘 안 하고 놔두던 진이가 아침에 먹은 그릇들을 말끔하게 씻어 놓은 것이다. 기쁜 마음도 잠시, 아침에 끓여둔 비법 육수가 보이지 않았다. 다짜고짜 어찌 된 일인지 물었더니, 설거지를 했다는 게 스스로 대견했는지 뭔지 모르겠는데 비릿한 물이 있길래 그것까지 싹 버렸다면서 어찌나 당당하게 말하던지…. 육수를 만들어놓고 살림 9단이라도 된 것처럼 뿌듯했던 나의 소중한 육수는 그렇게 한 방울도 남김없이 버려졌다.

그러게, 생전 안 하던 짓을 왜, 대체 왜….

시원하게 버리고 말았다. 오빠가 아끼고 아끼는 멸치육수를…. 머리보다 몸이 한 발짝씩 빨라서 늘 문제인 나의 고질병을 또 한 번 뼈저리게 후회했다. 어떻게 나는 냄새를 맡아 보고 버리는 행동을 동시에 할 수가 있을까? 또 설거지는 왜, 무슨 바람이 불어서 갑자기 하고 싶었던 것일까.

굴미역국

미역국은 내가 자주 해 먹는 평범한 음식이다. 누구나 좋아하는 미역국에다 굴만 넣어주면 절대 실패할 일이 없는 완벽한 음식이 된다. 미역국을 끓일 때 가장 중요한 노하우는 찬물에 충분히 불린 미역을 여러 번 헹군 뒤 물기가 거의 없을 정도로 '꼬옥' 짜낸 다음 요리하는 것이다. 해초에서도 비릿한 맛을 느낀다는 진이의 입맛에 맞추기 위해 발견한 나만의 노하우다. 통통한 굴이 넘치는 겨울이 되면 미역국은 매일 달고 살아도 질리지 않는다.

굴이 제철일 때면 굴 라면, 굴 부침, 굴 파스타, 굴 미역국까지… 오빠가 할 수 있는 범위 안에서 부지런히 굴을 넣은 음식을 만들어준다. 덕분에 이맘때는 아쉽지 않을 만큼 굴을 먹어본다. 그중에서도 오빠가 해주는 굴 미역국은 눈물이 핑 돌 정도로 맛있다. 나에게는 밥상에 매일 오르는 김치처럼 매일 보고 매일 먹어도 질리지 않는 음식이 굴 미역국이다.

운명을 믿는가?

나는 상수동의 한 카페에서 일한다. 상경한 지 얼마 되지 않아 시작한 곳에서 십여 년이 지난 지금까지도 변함없이 일하고 있다. 이곳에서 좋은 사람들과 교류하며 다양한 모습을 보고 배우며 꿈을 꾸고 있다.

진이를 만난 곳도 바로 이곳이다. 늦게 자고 늦게 일어나던 시기였는데도 진이가 오픈하는 날이면 괜히 작업한답시고 짐을 챙겨 와서 가게에서 온종일을 보내곤 했다. 말이라도 한번 붙여보려고 이런저런 흥미로운 이야깃거리를 가지고 출근 아닌 출근을 했었다. 가게에 앉아 진이가 일하는 모습을 힐끔거리며 훔쳐보다 보면 시간이 왜 그리 빨리 가던지. 진이를 보지 못하는 날은 시간이 너무나 더디게 흘러 지루하기만 했다. 살면서 하루하루가 그렇게 설렘으로 시작된 적은 없었다. 그런 걸 뭐라고 부르는지 모르겠지만 설렘 자체로 나는 좋았다. 나의 작은 하루가 조금씩 운명 같은 것으로 여겨지는 기분 좋은 설렘. 설렘에도 이름이 있다면 나는 아직도 그 이름을 찾아보는 중인 것 같다.

"우리는 만날 운명이었던 거야, 오빠. 내가 방황하던 시절 여기 자주 왔던 것도, 게다가 여기서 일까지 하게 된 것도 다 오빠를 만나기 위해서였던 거야!"
내가 이렇게 말하면 오빠는 뜻 모를 미소를 짓는다.
…오빠! 자네는 운명을 믿는가?

포근한 착각

어릴 적부터 어머니가 없는 나를 도맡아 키워주신 할머니는 내가 군대에 가기 전까지도 당신 키가 나보다 더 크다고 생각하셨다. 입대하는 날 아침, 눈물을 훔치며 나를 안아주다가 당신보다 훌쩍 커버린 걸 깨닫고는 깜짝 놀라셨다.

나와 함께 일하고 있는 진이도 가끔 자신이 나보다 힘이 세다고 착각한다. 그래서 무거운 짐을 들어야 한다거나 힘든 일엔 나를 밀어내고 자기가 먼저 나서곤 한다. 그래놓고 마감할 때쯤 녹초가 돼서는 일은 오빠가 더 많이 하는데 왜 자기가 더 힘들어하냐면서 억울해한다. 나보다 힘이 세고 체력도 좋다고 착각하는 진이를 보면 내가 스무 살이 넘었을 때까지도 나를 어린아이로만 생각하시던 할머니가 생각난다.

때때로 나는 두 살이나 많은 오빠를 하나부터 열까지 챙겨야 하는 아들로 착각한다. 이런 감정을 모성애라고 하는 건가.
연애를 시작했을 무렵, 엄마 없이 자랐다는 오빠의 말을 듣고 이제부터는 내가 오빠의 엄마가 되어주고 싶다고 생각했었다. 그런데 그 마음이 점점 커져서 이제는 아예 오빠를 내 아이인 것처럼 보살피고 돌봐주고 싶다.
자다 깬 새벽, 내 곁에 누워 쌔근쌔근 잠자고 있는 오빠의 이마에 손바닥을 얹으며 '나만 믿어'라고 속삭이고는 다시 잠이 든다.

유통기한

진이와 의견이 맞지 않아 번번이 티격태격하게 되는 게 있다. 특히 우유나 요거트, 식빵 같은 음식을 두고 먹어도 된다, 안 된다, 하면서 충돌하곤 한다. 진이는 유통기한이 겉 포장지에 큼지막하게 적혀 있는데도 날짜가 지난 걸 신경쓰지 않는다. 잠깐만 나갔다가 돌아와도 매번 샤워하고 핸드폰, 지갑을 알코올 솜으로 꼼꼼하게 닦는 진이가 몸에 들어가면 피가 되고 살이 되는 음식에는 왜 그리 너그러운지 이해가 되지 않는다.

'식탐이 많아졌다'고 쓰고 보니 그 말은 틀렸다는 생각이 든다. 나는 원래 식탐이 많았으니까. 장을 보러 가서도 욕심을 부려 장바구니를 꽉꽉 채워 오곤 한다. 쌓여 있는 먹을 것들을 보는 행복도 잠시, 슬프게도 나의 식탐이 유통기한을 따라가지 못한다. 그때부터는 오빠의 눈치를 보며 몰래몰래 해치워야 하는 불편한 시간이다. 그런데도 이 악순환의 고리를 끊어내지 못하고 있다.

유통기한은 상품이 시중에서 유통될 수 있는 기한을 뜻하고, 대부분 품질이 유지되는 기간보다 30퍼센트가량 짧게 정해진다고 한다. 그래서 약간 지난 것은 먹어도 괜찮지 않을까 설득해보지만 언제나 오빠에겐 씨알도 안 먹히는 일. 그런데 또 생각해보면 오빠가 먼저 유통기한 지난 걸 먹어도 괜찮다고, 안 죽는다고 권한다면 그건 또 아닌 것 같고. 대체 어쩌자는 건지.

'식탐이 많아졌다'고 쓰고 보니 그 말은 틀렸다는 생각이 든다. 나는 원래 식탐이 많았으니까.

간섭

관계가 편해질수록 말도 편하게 하게 된다.
며칠 전, 진이의 가벼운 간섭에 자존심이 상해서 그렇게 생각하는 게 답답하다고, 그런 말은 나를 무시하는 거지 걱정하는 게 아니라고, 평소에 나를 어떻게 생각했길래 그러냐며 잔인한 말들을 내뱉고 말았다. 그러고도 모자라 예전에 서운했던 일까지 들춰내 결국 상처를 주고서야 이야기가 끝이 났다.
별것도 아닌 일에 뭘 그리 예민하게 굴었는지. 요즘 나 자신이 참 보잘것없는 사람이라는 자괴감이 든다. 나를 생각해서 말해준 진이의 진심이 상처받지는 않았을지… 미안하다.

요즘 들어 자주 푹푹 한숨을 내쉬는 오빠, 여간 신경 쓰이는 게 아니다. 여러 가지로 스트레스를 많이 받는가 보다 싶어 무슨 일 있느냐고 꼬치꼬치 캐물었다. 거기서 그쳤으면 좋았을 텐데 더 나아가 오빠가 이래서 그렇다, 저래서 그렇다 훈수를 두니 버럭 짜증을 낸다. 자기는 어린애가 아니라고…. "뉑뉑뉑"라는 말이 목구멍까지 차올랐지만, 간신히 참았다. 생각이 많은 우리 만수. 이번엔 내가 참는다잉. 그런데 무슨 일 때문이었을까?

관계가 편해질수록 말도 편하게 하게 된다.
진심이 상처받지는 않았을지…

치매, 이런 몹쓸 놈

간혹 진이가 평소 알고 있던 단어를 떠올리지 못하면 기억해 낼 때까지 가르쳐 주지 않는다. 몰래 찾아보지 못하게 휴대 전화도 뺏어 두고 생각날 때까지 다른 일도 못 하게 한다. 건강은 유전이라는 확고한 신념 때문에 생긴 버릇이다.

진이의 외가, 친가 할머니 두 분이 모두 말년에 치매를 앓으셨다고 한다. 병이라는 게 대부분 그렇지만 치매는 그중에서도 특히 슬픈 병이다. 자신을 잃어버리는 일이 어떻게 가능한지. 평생을 알아온 서로를 마주 보는 눈빛이 어떻게 하루아침에 전혀 알지 못하는 낯선 시선으로 변할 수 있을까? 일어나지도 않은 일을 미리 걱정부터 한다고 할 수도 있지만, 이런 사소한 노력이 그 몹쓸 병을 예방하는 데 조금이라도 도움이 된다면 앞으로도 쭈~욱 단어가 생각나지 않아 답답해하는 진이를 괴롭힐 예정이다.

"진아, 넌 생각을 많이 해야 해. 치매는 유전 확률이 높대. 그러니깐 예방 차원에서라도 영양제 챙겨 먹듯 견과류를 챙겨 먹자. 그리고 생각이 안 나는 것들은 찾아보기 전에 기억해 내려고 노력하고. 그게 뇌가 운동하는 거야, 알았지? 알아들었어? 알아들었냐고? 그냥 대답만 하지 말고."

매일 주문을 외우듯 하는 오빠의 걱정 가득한 잔소리다. 죽음이 감이 잘 오지 않는 것처럼 치매 이야기도 저 멀리 남 이야기 같아서 오빠의 걱정은 늘 잔소리로 들린다.

자신을 잃어버리는 일이 어떻게 가능한지.
평생을 알아온 서로를 마주 보는 눈빛이 어떻게 하루아침에
전혀 알지 못하는 낯선 시선으로 변할 수 있을까?

답정너

오빠,
아메리카노 먹을까? 라테 먹을까?
아니다. 그냥 아메리카노 먹을래. 깔끔하게.

오빠,
검정을 살까? 베이지를 살까?
아니다. 그냥 검정 살래. 막 입기도 편하고 많이 입을 거 같아.

오빠,
있잖아. 그냥 답은 정해져 있어.
오빠는 그냥 대답만 하면 돼(찡긋).

기타 연습

진이가 기타를 가르쳐 달라고 졸랐다. 곡은 내가 만들고 같이 기타 연습을 해서 기회가 되면 가족 모임에서 소소하게 연주해보면 좋겠다면서.

오래 묵혀뒀던 기타를 꺼내 놓고 줄을 바꾼 뒤 나름의 커리큘럼을 짜봤다. 고정된 일상에 색다른 활력이 될 것 같다는 기대를 안고 기타 수업을 시작했다.

내가 처음 기타를 잡은 이유는 연주의 즐거움보다는 겉멋에 가까웠다. 아직도 촌스러움이 고스란히 남아 있는 내가 우연한 기회에 남들 앞에서 연주하는 모습을 뽐낼 수 있다면 반전 매력이 되지 않을까 싶었다. 덕분에 음악을 진지하게 생각하게 되었고, 지금 이렇게 진이 앞에서 당당하게 큰소리치며 선생 노릇을 할 수 있게 되었다. 그때 겉멋으로라도 기타를 시작하길 잘했다.

"오빠! 나 이번엔 진심이다. 정말! 작심 3일 아니야! 이번에는 꼭 노래 한 곡 끝낸다! 두고 봐!"
매번 그렇듯 이번엔 정말 진심인 듯 기타를 꺼내와서 앉는다. 오 분, 십 분, 오빠와 나란히 앉아 손가락 연습을 하고 있으면 어느새 '하아…, 이래서야 언제 노래 한 곡을 끝내지?' 싶어서 금세 마음이 조급해진다. 그래도 첫날은 꿋꿋하게 연습을 한다. 첫날만 백 번.

지금 이렇게 진이 앞에서 당당하게 큰소리치며
선생 노릇을 할 수 있게 되었다.
그때 겉멋으로라도 기타를 시작하길 잘했다.

오늘, 하루

다들 퇴근할 시간에 나는 카페로 출근한다. 표정만 봐도 뭘 주문할지 알 수 있는 오래된 친구이자 단골손님들이 저마다 정해진 시간이 되면 하나둘 가게로 모여든다. 방관자로서 각자의 하루를 엿들어보면 다들 다르면서도 비슷한 삶을 살고 있구나 하는 생각이 든다. 특별한 일이 매일같이 쏟아지지는 않아도 오늘 하루가 지나가는 걸 모두가 아쉬워한다는 걸 알 수 있다.

도시에 살면서 반복되는 일상의 무료함을 느낄 때면 가끔 나 혼자만 소외된 기분이 든다. 어제도 오늘도 반짝이는 순간들이 묵묵히 다가오지만, 알지 못한다.

모두 잠든 고요한 시간, 일을 마치고 돌아와 개운하게 샤워를 하고 곤히 잠든 진이를 한번 들여다본다. 아직 덜 마른 몸을 말리려 선선하게 선풍기를 틀어놓고 영화를 보며 마시는 맥주 한 잔, 내 옆에서 잠든 진이. 그 멈춘 듯한 시간 속에서 나의 진이와 모든 사람, 그리고 나의 공간과 그 공간 속 모든 사물이 여전히 무사하다는 것에 감사함을 느끼는 여름밤이다.

어제는 맛있다고 소문난 값비싼 원두를 사 왔다. 무게를 달고 윙윙 갈아 콜드브루를 만들어 냉장고에 넣어두고, 오늘 아침 콜드브루 한 잔으로 개운하게 하루를 시작했다. 종이와 펜을 들고 앉아 오늘 해야 할 것들을 적어 본다.

오늘은 화방에 다녀와야 한다. 자주 쓰는 물감이 떨어졌고, 자주 쓰는 붓이 불가사리가 되어 더 늦기 전에 다녀와야 한다. 의미 없이 갈 때보다 오늘처럼 살 것이 있어서 화방에 가면 죄책감이 덜 들어서 기분이 좋다. 그래도 충동구매는 하지 않기로!

화방 다녀오는 길에 아이스 아메리카노 한 잔에 케이크도 한 조각 먹어야겠다. 이렇게 날씨 좋은 날엔 가만히 앉아 작업하기가 너무 힘들다. 몇 번이고 엉덩이를 들썩거리며 창밖을 내다보게 되지만 그래도 해야지.

프리랜서의 삶은 스스로 엄격해야 망가지지 않는다는 것!! 느낌표 팍팍 찍을 만큼 깊이 공감하는 말이다. '혼자서도 잘해요'와는 아주 먼 삶을 살아왔던 내가 어쩌다 혼자서 모든 걸 관리해야 하는 삶을 살게 되었는지, 삶은 참 아이러니하다.

자전거, 삶의 질이 달라집니다

몇 달을 벼르고 별러서 자전거를 샀다. 비싼 건 아니지만 쫙 빠진 디자인에 접히는 기능까지 갖춘 자전거다. 돈 좀 아껴보겠다고 한 대만 사서 같이 타고 다니는 건 어떻겠냐는 진이의 말에, 한 대만 살 거라면 그냥 걸어 다니자며 아득바득 우겨서 두 대를 샀다. 진이를 뒤에 태우고 따뜻한 봄 길을 달리는 낭만도 좋지만, 극도로 솔직한 내 체력을 고려하면 그다지 좋은 생각이 아닌 듯했기 때문이다. 덕분에 가까운 곳은 걸어 다니고 먼 거리는 대중교통을 이용하면 그만이던 우리의 행동반경에 큰 변화가 생겼다. 요즘은 가보지 못한 새로운 길을 발견하는 재미로 하루하루를 보내고 있다.

오빠 하나, 나 하나, 자전거를 샀다. 오붓하게 둘이서 자전거 한 대로 같이 다니자는 내 의견을 강력하게 반대해 준 오빠에게 허리 굽혀 감사 인사를 해주고 싶다. 자전거 하나 생겼을 뿐인데 이렇게나 삶의 질이 올라간 듯 기분이 좋아지다니.

하루하루가 똑같았던 내 일상에 자전거가 활기를 불어 넣어준다. 걸어 다닐 때와는 다르게 자전거를 타면 보이는 풍경이 다르고, 느껴지는 촉감이 다르다는 걸 새삼 느낀다. 게다가 십 년 가까이 살아온 동네가 이렇게까지 새로워 보인다는 게 놀랍기만 하다. "행복은 멀지 않은 곳에 있어요"라는 말에 이제껏 별로 공감하지 못했는데 정말 멀지 않은 곳에 있었다. 아직도 자전거를 살까 말까로 고민한다면 고민하지 말고 어서 판매점으로 가시기를.

하루하루가 똑같았던 내 일상에
자전거가 활기를 불어 넣어준다.
걸어 다닐 때와는 다르게
자전거를 타면 보이는 풍경이 다르고,
느껴지는 촉감이 다르다는 걸 새삼 느낀다.

등산

인왕산, 처음 서울 올라올 때 새로운 시작의 의미로 올랐던 지리산 등산 이후로 오랜만에 다녀온 산행이었다.

연애 초기, 안양에 살던 진이를 데려다주고 돌아오는 주말 저녁이면 지하철 1호선 안은 바리바리 짐을 둘러메고 얼큰하게 취해서 집으로 돌아가는 등산객들로 북적이곤 했다. 뭐가 그리 좋아서 쉬는 날까지 몸을 혹사하는지 이해할 수 없어서 역시 산보다는 바다가 아닐까 내심 생각했었다.

요즘 건전한 야외 활동을 하는 사람들이 부쩍 늘었다. 남들 하는 건 다 하고 싶은 우리도 덩달아 평소에는 나이 든 사람처럼 보일 것 같아 거들떠보지도 않았던 등산화와 등산 모자, 등산용품들까지 일일이 챙겨서 인왕산을 오르기로 했다.

30리터나 되는 가방에 바리바리 짐을 싸 들고 힘들게 올라간 정상에서 준비해 간 도시락을 먹었다.

제아무리 뒷동산 같은 산일지라도 일단 정상을 정복해보면 작은 성취감이 솟아난다. 뭐 하나 제대로 이룬 게 없어서 의기소침한 삽 십 대 중반, 기대와 현실의 괴리로 성취감을 맛본 지가 언제인지조차 기억이 안 날 만큼 추욱 가라앉아 있던 나의 권태로움 위로 잠시나마 작은 의욕들이 푸릇푸릇 돋아나는 걸 느낄 수 있었다. 등산이 좋은 건지, 소풍 전날의 설렘이 좋은 건지도 모른 채 우리는 도장 깨기를 하는 것처럼 다음 산행을 기약했다.

나에게는 10년 가까이 새것 같은 등산화가 있다. 20대 초반, 함께 살았던 사촌 언니에게 받은 것이다. 자연의 위로를 받으리란 생각은 해본 적이 없던 그때의 나에게는 등산이란 일부러 시간 내서 하는 고된 일일 뿐이었다. 다섯 번만 같이 가면 등산화를 사준다는 언니의 제안(지금 생각해 보면 천사였던)에 주말마다 꾸역꾸역 따라나섰고, 더도 말고 덜도 말고 정확히 다섯 번을 다녀온 뒤에 언니랑 등산화를 사러 갔었다. 그 당시 사회 초년생이었던 언니에게 등산화값은 꽤 큰돈이었을 텐데 나는 아무것도 모르고 당연한 듯 받았었다. 볼 때마다 그때의 철없던 내 모습이 생각나서 등산화를 신발장 더 깊숙이 밀어 넣어 두었었다.

그렇게 십 년을 묵혀 둔 등산화를 꺼내 신고 오빠와 인왕산을 다녀왔다. '나이가 드니 전에는 안 먹던 게 참 맛있더라' 하는 것처럼 한 살 한 살 먹어 가면서 취향이 바뀐 건지 오랜만에 오른 산은 참 좋았다. 종이 뒤집듯이 '와, 이거야!' 하며 정상에 올라 뿌듯한 기분을 만끽하며 한숨 돌리고 보니 흙먼지로 뿌예진 등산화가 눈에 들어왔다. 십 년 전에도 이랬다면 언니도 보람을 느꼈을 텐데… 얼른 핸드폰을 꺼내 오빠에게 부탁한다.
"오빠, 뒤에 보이는 풍경이랑 내 신발 좀 잘 나오게 찍어 줘 봐. 언니한테 등산 가자고 하면서 보내야겠어!"
하지만 아직도 사진을 못 보냈다. 다음날부터 며칠간 근육통에 시달리느라. 그러고 보니 뜻밖의 깨달음이다. 무슨 일이든 차분하게 한 번 더 생각하기, 앞서서 촐랑대지 말기. 깨달음까지 얻은 등산이네.

한 살 한 살 먹어 가면서 취향이 바뀐 건지
오랜만에 오른 산은 참 좋았다.

결혼에 대하여

진이와 함께 지낸 지 벌써 몇 해가 지났는데도 우리는 결혼을 하지 않았다. 기약도 없이 더 준비된 뒤에 하자고 차일피일 미루던 게 벌써 이렇게 시간이 흘러 버렸다.

주변에서 나를 아끼는 사람들은 하나같이 '준비? 결혼하면 다 해결된다.'라고 말한다. 발등에 불 떨어지면 다 할 수 있다며 재촉한다. 영화에 흔히 나오는 것처럼 사회적 관습에 따르지 말고 지금처럼 자유롭게 같이 살면 안 되나. 그러면서도 신혼부부를 위한 제도의 혜택을 누려보기 위해 혼인신고만 하는 건 어떨지 이기적인 생각도 해본다.

나는 사랑하는 사람을 만나면 언제가 되든 '도장 팍 찍는 결혼을 하자' 주의라서 결혼을 꼭 해야 하는지를 진지하게 고민해 본 적이 없다. 워낙 외로움을 타고 겁이 많아 혼자서 산다는 생각은 애초부터 없었다. 언젠가 사랑하는 사람을 만나 결혼을 하겠지, 내가 나이 먹어가는 것처럼 자연스러운 일 중에 하나겠지, 생각하며 종종 나의 결혼식을 재미 삼아 상상해보기도 했다.

그러던 어느 날, 할 일 없이 방안에서 뒹굴다가 TV에서 결혼식 대신 그 비용으로 긴 시간 동안 여행을 다녀온 부부 이야기를 봤다. '와! 멋지다! 난 왜 저런 생각을 못 했지?' 고정관념으로 똘똘 뭉쳐 있던 나에겐 신선한 충격이었다. 처음으로 '결혼'과 '결혼식'을 떼어 놓고 생각해보게 되었다. '결혼=결혼식'이 아니다! 결혼식의 모양은 다양하다!

어느덧 9년이 넘는 시간을 오빠와 함께했고, 이제는 연인이 아닌 부부가 되기 위해 준비하고 있다. 우리도 여느 연인들처럼 연애하는 사이사이에 결혼 이야기를 자연스럽게 나누곤 하는데, 다행히도 결혼식에 대한 생각은 비슷했다. 이게 웬일!
"결혼식 생략하고 그 비용으로 여행을 오래 다녀오는 건 어때? 다녀와서 그림으로, 음악으로 추억할 수 있는 기록을 남겨두는 거야! 좋지?"
생각만으로도 가슴이 콩닥콩닥 뛰어서 얼른 결혼하고 싶어 한껏 가슴이 부풀어 오른다. 하지만 이내 부모님에게는 가슴이 팔딱팔딱 뛸 일이겠지 싶어서 부푼 마음을 내려놓게 된다.

베개

요즘 부쩍 두통이 잦아진 진이와 병원에 다녀왔다. 목이 딱딱하게 경직되어 있다는 의사 선생님의 소견을 들었다. 물리치료를 받더라도 평소 생활과 자세가 바르지 않으면 소용이 없다는 선생님의 조언에, 비싸서 망설이던 베개를 사기로 했다.

우주선에 들어간다는 거창한 홍보문구로 우리를 유혹하던 그 기능성 베개는 가격만 비싼 게 아니라 소재 또한 전혀 경험해보지 못한 것이었다. 푹신푹신한 듯하면서도 딱딱하고, 부드러운 듯하면서도 단단하게 틀이 잡힌, 출렁이는 파도 모양이다.

최저가를 찾아 험난한 여정을 거쳐 데리고 온 그 대단한 베개를 이부자리에 올려놓고 보니 내가 살면서 다른 사람의 베개를 사본 일이 있었나 하는 생각이 들었다. 모자나 티셔츠, 텀블러 같은 물건과는 달리 베개는 뭔가 다른, 더 깊고 사적인 느낌이 들었다. 남자친구의 의미를 넘어 진짜 가족이 된 기분이었다. 부모나 되어야 자식들의 베개를 사다 주지 않나 싶기도 하고, 평소와 다름없는 잠자리에서 둘이서 똑같은 베개를 베고 눕는다는 게 좀 애살스럽기도 하다. 이튿날, 그 좋다는 베개를 베고 잤는데도 진이는 오히려 더 뻐근하다고 했다. 역시 사람은 생긴 대로 살아야 하나 싶기도 하지만, 처음 우리가 깨닫게 된 베개의 의미를 생각해보면 우리 목을 베개에 맞춰야 할 것 같았다. 똑같이 생긴 베개가 어느 틈엔가 어느 것이 누구 건지 모르게 자연스레 섞이게 되면 서로의 체취도 뒤섞이게 될 거라는 우스운 상상을 하면서.

태어나서 처음으로 정성 들여 베개를 사봤다. 오빠와 나의 취향에 맞춰 선택한 베개를 나란히 베고 누웠다. 우리만의 공간에서 함께한 시간이 쌓여갈수록 점점 내 물건 네 물건의 구분이 흐릿해지고, 어쩔 땐 서로의 베개를 바꿔 베기도 할 텐데, 나는 또 그게 그렇게 세상 누구보다도 가까운 사이라고 느껴져서 마음이 몽글몽글해진다. 베개 하나로 이럴 일인가.

칫솔

진이의 파랑색 새 칫솔은 또 금세 복슬복슬 귀여워졌다.
진이의 웃음 소리 같다.

칫솔을 볼 때마다 오빠와 나의 성격이 보이는 것 같아 웃음이 난다.

벌레

숲세권, 숲세권, 노래를 부르던 진이와 여건상 숲세권까지는 아니어도 외부 베란다에 나무와 풀들이 있는 곳으로 이사 오게 되었다. 비록 작은 집이지만 커튼만 젖히면 마치 숲속에 있는 듯한 착각을 불러일으키는 곳이다.

인공으로 만든 땅 위에 나무와 풀을 심어 놨는데, 그것도 흙이라고 그 속에서 생긴 벌레들이 때때로 집안으로 날아들어 온다. 평소 벌레라면 기겁하고 도망치는 진이에게는 쥐약이다. 큰놈들은 아니어도 하루살이나 거미, 돈벌레들이 하루걸러 한 번씩 집안 곳곳에서 튀어나온다. 그런데 걱정과는 달리 그렇게 벌레를 무서워하던 진이도 한 달쯤 지나고부터는 너무나 태연히 벌레를 잡는다. 어떻게 하면 죽이지 않고 살려서 내보낼까 고민할 정도인 걸 보면 사람 일이라는 게 참 마음먹기 나름인 것 같다. 자신이 잡은 벌레 사진을 찍어 나에게 보고하는 진이를 보면 정녕 인간은 적응의 동물이지 싶다.

오빠와 함께 살고 얼마 되지 않아서 있었던 일이다.
현관에 나타난 바퀴벌레를 보고는 오빠에게 무턱대고 짜증을 냈다. 오빠가 바퀴벌레를 불러낸 것도 아닌데 나도 모르게 벌레를 보고 공포에 휩싸여 불쑥 짜증이 났던 거다. 하필 그때 오빠가 내 앞에 있었던 것뿐이라고 말해주고 싶었지만, 무슨 말을 갖다 붙여도 내가 잘못한 일이었다.
그때 기억이 아직도 선명한 것은 서로 조심스러웠던 시기에 나의 잘못된 짜증이 불러낸 무안함에다 오빠가 그때 처음으로 섭섭한 감정을 드러냈기 때문이다. 좀처럼 나에게 부정적인 감정을 드러내지 않았던 사람이 그때 처음 보여준 부정적인 감정 표현. 얼마나 섭섭했으면 그랬을까. 정신이 번쩍 들었지만, 방귀 뀐 놈이 성낸다고 그때는 그런 오빠한테 나 또한 섭섭했었다.

그 일 이후로 벌레가 나타나면 의식적으로 담담해지려고 애쓰는 나를 발견하곤 한다. 다시는 이런 일로 서로에게 상처를 주지 말자고 몸이 먼저 기억하나 보다.
문득 오빠가 해준 말이 생각난다.
"진아. 넌 벌레보다 커. 무서워해야 하는 건 오히려 벌레가 아닐까? 세상에서 인간이 제일 무섭지 뭐."
그러게나 말이다.

마무리

"나이 들어 내가 먼저 가면 이쁜 할머니도 만나고 그래."
진이는 가끔 나이에 맞지 않는 농담을 한다. 행여 '알겠어'라고 맞받아치면 서운한 마음을 감추지도 못하면서.
나이가 들어서 나 없이 혼자 남은 진이를 상상해보면 벌써 가슴이 먹먹해진다. 나 혼자 남는 건 괜찮지만 나이 든 진이가 혼자 남는다고 생각하면….
우리 할머니와 할아버지는 내가 군대에 있을 때 교통사고로 한날한시에 돌아가셨다. 새벽에 스쿠터를 타고 밭에 나가시다가 음주 운전자에게 당한 사고였다. 그 당시의 슬픔은 말로 다 못하지만, 지금 생각해보면 우리 할머니, 할아버지는 참 행복한 마무리를 하신 것 같다.
앞으로 우리가 해나가야 할 무수히 많은 일 가운데 먼저 떠나는 이를 보내주는 일은 오로지 나만의 역할이기를 바란다.

'세상이 오빠보다 날 먼저 데려가면 어쩌지?'
그런 생각을 하면 너무 슬프다. 뜬금없는 생각의 끝에는 홀아비로 남겨진 오빠가 서 있다. 누군가 오빠 밥을 챙겨줄 사람이 있으면 좋겠다. 그렇다고 오빠가 나를 잊는 건 또 싫다. 그냥 고양이에게 부탁해 놓을게, 오빠의 삼시세끼!

앞으로 우리가 해나가야 할 무수히 많은 일 가운데
먼저 떠나는 이를 보내주는 일은 오로지
나만의 역할이기를 바란다.

자연스럽게 쌓여 가는 것

얼마 전 괜찮은 텀블러가 있길래 진이에게 추천해 주었다. 우리는 둘 다 쑥스러워하는 성격이기 때문에 의도적으로 신발이든 텀블러든, 남들이 다하는 커플 깔맞춤 같은 건 해본 적이 없다.
평소에 갖고 싶었던 것도 막상 써보면 생각했던 것과 달라서 실망할 때가 있다. 그래도 가끔은 기대하지도 않았던 물건이 기대 이상일 때가 있는데, 그런 것들은 혼자 쓰기 아까워서 진이에게도 추천해 준다. 커플 아이템처럼 보이는 게 민망해서 같은 모델이라도 각자의 취향에 맞는 색을 고른다. 함께하는 시간이 늘어갈수록 자연스럽게 커플 아이템도 하나하나 쌓여 간다.

벽에는 똑같은 모자가 나란히 걸려 있고 현관에는 똑같은 신발 두 쌍이 나란히 놓여 있다. 똑같이 생긴 가방에다 각자의 짐을 싼다. 이렇게 집 안 곳곳에 같은 물건들이 늘어가고 함께한 시간만큼 우리의 취향도 비슷해지고 있다. "저희는 부끄러워서 커플룩을 못 입어요."라고 말하면서도 우리가 모르는 사이에 "여러분~~ 우리 커플이에요!!"를 뿜뿜 알리고 있었네.

에필로그

겨울의 정독도서관을 기억합니다.

봄날의 남산도서관도 잊지 못합니다.

나름 오랜 시간, 책 작업을 하기 위해 서울에 있는 목이 좋다는 도서관을 모두 가본 것 같습니다.

한적한 평일 오전, 버스와 지하철을 타고 그날의 도서관으로 갑니다. 자리를 잡고 책을 읽고 생각과 메모를 정리합니다. 지루해질 때쯤 주변 동네도 둘러볼 겸 산책을 나섭니다. 맛집도 찾아보고 카페도 들릅니다. 그리고 다시 도서관으로 돌아가 어둑어둑해질 때쯤 집으로 돌아옵니다.

사진첩을 사서 그 안을 추억으로 가득 채워가길 원했습니다. 그러나 처음 몇 장만 성의 있게 채웠을 뿐 지금은 그런 앨범이 있었나 할 정도로 기억에서 멀어졌습니다.

정해진 날짜가 되면 도서관에 가보는 것은 지금껏 무엇 하나 꾸준하게 해본 적이 없는 우리가 지나가는 시간을 붙잡아 두려고 만든 약속입니다. 추억을 기록하기 위해 만든 이 약속이 이제는 또 다른 추억으로 남았습니다.

이곳저곳에 흩어져 있던 것들을 차곡히 정리하고 마무리해야 할 때쯤. 오늘의 이야기들을 함께 들춰보며 다시 한번 그때로 돌아가 볼 수 있기를 바랍니다.

보잘것없는 저희 이야기를 책으로 펴내기까지 애써주신 분들께 감사한 마음을 전합니다.

혼잣말

네가 아플 때,
미리 알아주지 못해서 미안해.

네가 아플 때,
나는 아플 수 없어. 너를 지켜야 하니까.

네가 혼자 있고 싶을 때,
언제든 기다리겠다고 말해줄게.

네가 혼자 있고 싶을 때,
그건 안 돼.

네가 다른 사람과의 관계로 상처받았을 때,
위로의 말보단 오늘 겪은 재밌는 이야기를 들려줄게.

네가 다른 사람과의 관계로 상처받았을 때,
나는 헐크가 되어 이 세상을 다 부셔 버릴 거야.

네가 나에게만 들려주는 혼잣말은,
나에게 가장 사적인 음악 같아.

네가 나에게만 들려주는 혼잣말은,
영원히 나만의 특권이길….

내가 아플 때 너 몰래 하는 혼잣말은,
미안해.

내가 아플 때 너 몰래 하는 혼잣말은,
혼잣말이 아니길, 너에게 가 닿길.

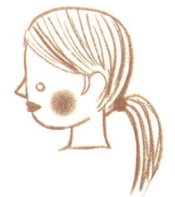

내가 널 살아 볼게

초판 1쇄 인쇄 2023년 1월 25일
초판 1쇄 발행 2023년 1월 30일

지은이 이만수, 감명진
그림 감명진

펴낸곳 도서출판 고유명사
펴낸이 김병곤

책임편집 전정숙
표지디자인 스튜디오 이제야1호점
표지(내가 널 살아 볼게) copywriting by 스튜디오 이제야1호점
내지디자인 달오
마케팅 스튜디오 이제야1호점

인쇄 한영인쇄

등록 제2021-000004호
주소 서울시 마포구 성산동 200-341, 402호

정가 16,900원
ISBN 979-11-977273-2-0(03810)

이 도서는 한국출판문화산업진흥원의 '2022년 중소출판사 출판콘텐츠 창작 지원 사업'의
일환으로 국민체육진흥기금을 지원받아 제작되었습니다.